Remember,
Choose
and
disseminate

人人都需要的营销心理学

记住我·选择我·替我传

王宏伟·著

民主与建设出版社

·北京·

© 民主与建设出版社，2021

图书在版编目（CIP）数据

记住我，选择我，替我传：人人都需要的营销心理
学 / 王宏伟著 . -- 北京：民主与建设出版社，2021.8
ISBN 978-7-5139-3627-9

Ⅰ . ①记… Ⅱ . ①王… Ⅲ . ①市场心理学 Ⅳ .
① F713.55

中国版本图书馆 CIP 数据核字（2021）第 133762 号

记住我，选择我，替我传：人人都需要的营销心理学
JIZHU WO XUANZE WO TI WO CHUAN RENREN DOU XUYAO DE YINGXIAO
XINLIXUE

著　　者	王宏伟
责任编辑	程　旭
策划编辑	苑　浩
封面设计	仙境工作室
出版发行	民主与建设出版社有限责任公司
电　　话	（010）59417747　59419778
地　　址	北京市海淀区西三环中路 10 号望海楼 E 座 7 层
邮　　编	100142
印　　刷	朗翔印刷（天津）有限公司
版　　次	2021 年 8 月第 1 版
印　　次	2021 年 8 月第 1 次印刷
开　　本	880 毫米 ×1230 毫米　1/32
印　　张	8.5
字　　数	135 千字
书　　号	ISBN 978-7-5139-3627-9
定　　价	54.80 元

注：如有印、装质量问题，请与出版社联系。

先胜而后战！
为往圣继绝学，让营销更科学

如果你是个喜欢观察细节的人，你可能会发现，有些煎饼果子摊主在你扫码付款之前会问一句："您是要一个鸡蛋还是两个鸡蛋？"如果你恰好是位男士，你会发现，很多公用洗手间的小便池上都会有苍蝇贴纸。你还会发现，有很多商家的大门，需要花费很大的力气才能推开。你还会发现，在看到面包店之前，你远远就会闻到扑鼻的面包香味。这些司空见惯的现象背后，都是商家精心设计的营销"套路"。

就因为煎饼果子摊主多问了一句话，他的营业额就神奇地增长了两倍；就因为一个小小的苍蝇贴纸，男性尿到小便池外面的现象比之前减少了80%；就因为重重的大门，顾客会瞬间慢下来，进入购物状态，购买率得到大幅提高；就因为扑鼻的香味，消费者的味觉系统可以瞬间被抢占，轻松实现"路转粉"。

这看似简单却又神奇的一切是怎么发生的？

这一切涉及品牌营销学、传播学、符号学、信号学、心理学、生理学、脑科学、经济学、认知神经科学等众多学科的知识。本书会为你详细拆解这背后的"营销套路"，让你一看就懂、一学就会。

前不久我在和某上市公司的一位副总裁聊天时，他表示对这个问题很好奇，问我是怎么想到从跨学科的视角来研究品牌营销这件事的。我想，像他一样，一定有不少朋友也对这个话题很感兴趣。

BBC纪录片《人体奥秘》中有一集讲的是"人的眼睛是怎么看见东西的"。我在看这一集纪录片的时候深受震撼：在我们司空见惯的日常事物中，竟然蕴藏着如此巨大的秘密。

于是我一发不可收，开始在网上查找相关资料，这才发现，这个问题竟然困扰了人们几千年。直到人类生物学史上最成功的黄金搭档之一——大卫·休伯和图斯坦·威瑟的出现，才首次解开了这个世纪难题。他们用电极在猫的大脑中进行了大海捞针似的寻找，最终阴差阳错找到了答案，而这一看似简单却是划时代的研究成果，为他们赢得了1981年的诺贝尔生理学或医学奖。

这些知识对我的触动非常大，让我有种顿悟的感觉。很多困扰了我10多年的品牌营销难题，一下子有了原理级的答案。

比如，为什么有的商品还没上市，就注定会大获成功，有的却注定一败涂地？为什么人们的大脑总是很容易被欺骗？为什么同样的产品，只是改个名字，销量就会增长50倍？为什么同样的内容，只是换个写法，阅读量就会提高100倍？为什么同一款

App，广告语只改动了两个字，半年时间就能增加 5300 万注册用户？为什么内容相同的抖音短视频，一个小小的改动，就能让它赢得 50 万粉丝？为什么很多看似平淡无奇的创意总能获得巨大的商业成功？为什么消费者购买的不是商品而是信号？

这让我想起我的工作内容，我以前在想创意、写文案、做设计时，更多的是靠直觉，而直到这"开悟"的一瞬间，我才朦朦胧胧地明白直觉是什么。

顺着这条思路，我想到一个问题：这种看似灵光一闪的直觉，有没有可能变成一套人人都学得会、用得上的科学营销方法？

也就是说，无论你是职场白领、素人、网红、KOL（关键意见领袖）、普通受众，还是品牌营销、广告创意、战略咨询行业的专业人士，还是上市公司的高管、CEO（首席执行官）、董事长，或是公司准备上市的经理人、正在寻找天使投资的创业者，或是酒店、饭店、连锁店、理发店、水果店、蔬菜店、生鲜店等各行业的老板，只要掌握了这套方法（在本书中，我把它概括为"记住我、选择我、替我传"九个字），你可以瞬间变成品牌营销专家、化身创意"大神"。

顺着这条思路，我继续深挖。所谓"工夫在诗外"，要彻底搞明白这件事，还要从别的学科入手。

我继续思考：我们进行品牌营销的最终目的是什么？是卖货、快速卖货、一直卖货吗？我们最终服务的对象又是谁？是善变的消费者吗？

想来想去，我觉得不完全正确。确切地说，应该是消费者的"五觉"和心智，是消费者的潜意识和意识，是消费者大脑中上千亿的神经元。

我对传统经济学、行为经济学、认知神经科学、语言学、哲学等诸多相关学科的知识，进行了跨界研究和交叉论证，只有这样，才能摆脱我们盲人摸象式的孤立认知。

这意味着，我是在打通几十个学科，参考上百本书的基础上，来帮你理解一个行业、一门学问。

随着研究的逐渐深入，我越发感觉，所有的事情都可以归结为一件事：消费者所有的购买行为都是对信号的刺激反射行为。用巴甫洛夫的话说就是，人类的一切行为都是对信号的刺激反射行为，信号刺激越强，引起的行为反射越大。用查理·芒格的话来说就是，一切生意的本质就是建立和维持条件反射。做生意就是给顾客发射信号，通过信号使买卖双方在信息不对称的情况下完成交易。

基于诸多前辈学人的研究成果，我提出了"超级信号理论"——创建超级品牌就是创建品牌的超级信号系统，这也是一种品牌战略营销系统方法论。

"超级信号"中的"信"是指信息（通过超级信号打破信息差）、信任（通过超级信号建立信任链），"号"是"信"的载体，是符号、口号等。在第一章介绍超级信号发展脉络的部分，我会结合具体商业案例详细进行讲解，在此不再赘述。

正如麦克卢汉所说："我们透过后视镜来观察目前，我们倒着走向未来"。

当我们回溯历史时，我们会在熟悉的事物中发现陌生的元素，发现"道"真切地存在于身边的万事万物之中；我们的"商品"能带给消费者既熟悉又陌生的惊喜感，瞬间击穿他们的心理防线，激活他们的集体潜意识，让一个新品牌一夜之间成为广大消费者的"老朋友"，并带给他们深深的震撼和情感喜好。这就是"超级信号"中"超级"的含义之所在，也是一眼看到终局、始终服务于最终目的、不停回到原点思考的顶层战略设计。也是前面我们说的"为什么有的商品还没上市，就注定会大获成功，有的却注定一败涂地"。日光之下，并无新事。我们最终所能预测的，不过是已经发生过的事情。正如《孙子兵法》的精髓是"先胜之法"一样：它不是"战胜之法"，而是"不战之法"，不是"战而胜之之法"，而是"先胜后战之法"。

在"先胜兵法"的基础上，怀着"为往圣继绝学，让营销更科学"的使命，我将当下全球最前沿的认知神经科学引入战略营销学，并将心理学、生理学、经济学等学科的科研成果与品牌战略营销学进行嫁接和交叉验证，用以弥补当前品牌营销学的不足。我结合自己在过去 20 年中的实操经验，总结出一套系统的、三位一体的战略营销方法，力求让你既可以从宏观视角纵览战略营销的全貌，又可以直接上手，将其应用到具体的工作中。

薛定谔在 1933 年获得诺贝尔物理学奖后，以"门外汉"身份撰写了生物学著作《生命是什么》，在此书的直接影响下，威尔斯金、克里克、沃森等青年物理学家纷纷转向生物学领域，后来发现了DNA双螺旋结构，并因此获得1962年的诺贝尔生理学或医学奖。当然，《生命是什么》一书也深刻影响了卢利亚、查尔加夫、本泽等诺奖得主。

就像稻盛和夫说的，心不唤物物不至。此书，只是一个小小的开始。

由于本人水平有限，在很多领域也是"门外汉"，书中内容难免会有失当之处，还请方家多多指教。

真切地希望本书能让你站到巨人的肩上，少走一些弯路！

以上，就是我的一点初心。

王宏伟

2021年1月1日于京王与王书院

目 录
CONTENTS

第三篇

替我传

第一篇

记住我

01

"记住我" 什么

我们需要别人"记住我"的什么呢？可以简单概括为六个字：名字，样子，价值。

"记住我"的名字（产品名、品牌名等），"记住我"的样子（标志、包装、颜色、吉祥物、符号等），"记住我"的价值（实用价值、心理价值）。

这六个字是企业战略的浓缩，是定位，是一句顶一万句的箴言，是企业的护城河。

记住我的名字

我在百度工作的时候，有一次罗振宇来百度做演讲，他当时是这样介绍自己的："罗家有三宝，凤姐排第一，老罗排第二，我排第三。"

当时的罗振宇刚创业不久，"时间的朋友"演讲还没开始刷屏，得到 App 也没上线，罗振宇与罗玉凤、罗永浩的知名度还有一定差距，但罗振宇通过"罗家三宝"这样一个绑定定位法，聪明地把自己的知名度提升到一个很高的段位，让很多人瞬间记住了他。

曾让毕加索一夜成名的方法，你可能也用得上

名字是这个星球上别人可以由此找到你的最快的方式。

一个好名字往往价值连城，可以让一个新品牌一夜成名。名字就是流量，名字就是战略，名字就是护城河，只要大家记住了你的（品牌或产品）名字，它带来的流量就足以让你收获颇丰。所谓"名利"，可以这样理解：紧跟"名气"而来的就是"利润"。

提起毕加索的大名，很多人都知道：他25岁时就能通过卖画赚钱，28岁就实现了财富自由。在当今世界艺术品拍卖市场上十大最贵的作品里，毕加索的画作就占了四件。他活了92岁，留下7万多幅画作，遗产高达400亿人民币。在美术史上，生前就拥有这么多财富的画家，只有他一个人。

然而，很多人不知道的是，当1900年满腔热血、怀揣着马拉加全国美展金奖的毕加索来到巴黎时，等待他的却是人生的低谷，这个时期被称为毕加索的"蓝色时期"。

由于没有名气，毕加索一幅画都卖不出去，生活极度清贫。再想想凡·高，虽然凡·高当年也极度清贫，但好歹有弟弟的持续救济，他只要一门心思搞创作就行。而毕加索，只能靠自己！

"苍天不负有心人"，只要你真是一颗明星，任哪朵乌云都遮挡不住你耀眼的光芒。在卧薪尝胆地积累了一批画作后，

毕加索摩拳擦掌，准备在巴黎发挥他与生俱来的营销天赋。

毕加索心想，要想让巴黎的买家"记住我、选择我、替我传"，先要让巴黎的画廊老板"记住我、选择我、替我传"。于是，他拿出账户中仅剩的钱财的一大半雇了几个大学生，交代给他们一项"秘密任务"，即让他们兵分几路，每天到巴黎所有能找到的画廊里转悠，并假装是买家，在离开画廊的时候，还必须询问老板三句话：

请问，你这里有毕加索的画作吗？
请问，在哪里能买到毕加索的画？
请问，毕加索来巴黎了吗？

就这样，不到一个月的时间，巴黎街头几乎所有画廊老板的脑子里都是"毕加索"这个名字。这个被传得神乎其神的毕加索究竟是何方神圣呢？他们都非常渴望见到毕加索本尊。

所以我说，品牌营销学是基于传播学，传播学是基于心理学，心理学是基于生理学。毕加索初出茅庐，就对这套方法运用得很娴熟。当然，从行为经济学的角度看，品牌营销就是在信息不对称的情况下，买卖双方之间的心理博弈。

就在大家望眼欲穿之际，深谙博弈论精髓的毕加索隆重登场，带着他的画作出现在巴黎的画廊里。可以想见，所有人的目光都齐刷刷地聚焦在这位画坛新秀身上。

所有画作一售而空，毕加索一战成名。现在想来，第一批购买毕加索画作的人确实非常有眼光，这些画作要是一直被保留至今，价格至少已经翻了上百倍，如果这是一项投资的话，收益率绝对秒杀"股神"巴菲特。

通过"名字营销"这一招，毕加索成功地让巴黎的画廊老板记住了自己的名字，选择了自己的作品，传播了自己的故事。

这就是传播的最高境界：发动别人"替我传"，把"向我买"的消费者变成"替我卖"的销售者。

看完上面的故事，你是不是对毕加索有了全新的认识？我看到这些资料时，首先想到的就是印象派大师凡·高。同为深受后世敬仰的绘画大师，凡·高一生一贫如洗，靠弟弟的救济勉强度日；毕加索却善用品牌营销思维，刚到巴黎没多久，就一鸣惊人，很快实现了财富自由，可以尽情地追求他心中的艺术理想。

连毕加索这样的大师级人物，都需要通过品牌营销来销售自己的"产品"，普通如我们，是不是更应该好好研究一下品牌营销这件事呢？

我们用"记住我、选择我、替我传"这"九字真经"，来简单复盘一下毕加索的营销策略："记住我叫毕加索；选择我的画作；替我传播我的故事、名字。"

普通人如何通过打造个人品牌实现逆袭

2017年，我在好友李航的办公室聊一些关于品牌营销的事情，碰巧遇到了刚从中国科学院毕业的 Eleven。当时 Eleven 给我的印象是典型的"理工女：智商高，不爱打扮，高度近视"（网络上对"理工女"的描述）。经过和 Eleven 短暂交谈，我了解到她当时在网易从事技术工作，她任职的电商部门有 500 人左右。而她所在的技术团队中，只有她一个女孩，可谓程序员团队中的"香饽饽"。

随着谈话的深入，我了解到 Eleven 对葡萄酒特别感兴趣，也正在学习侍酒相关的知识。结合这两点，我立刻想到，Eleven 可以走"技术女神"的路线：程序员中最懂时尚的"女神"，时尚"女神"中最会编程的程序员。

这两者结合起来就是 Eleven 的个人品牌定位：网易 DBA 女神。我建议 Eleven 在穿衣打扮上适当进行改变，根据自己的情况加入一些时尚元素。既然把个人品牌形象定位为"DBA 女神"，那么自身的各个维度一定要和这种形象定位相匹配。

我这些话只是随口一说，没想到竟改变了 Eleven 的职业生涯。

一般来说，技术人员吃的是"青春饭"，尤其是在互联网公司做技术的女孩子，职业生涯会遇到很大的瓶颈。她们要么继续做技术，从中级工程师晋升为高级工程师，最后变成技术专家，要么转行做产品经理或产品运营，要么跳槽去央企。

Eleven 是典型的白羊座，活泼好动，爱与人打交道，喜欢沟通、分享。她做技术做得很好，但最终会不会成为优秀的技术专家，需要时间去证明。

2018 年，Eleven 在网易北京电商部门内部主动做起了社交媒体公众号，用来将团队的技术文章推广到技术圈，同时通过"网易 DBA 女神"这个标签进行宣传。没想到，带有"网易 DBA 女神"标签的这些文章在数据库圈一下子炸开了锅，为他们带来了巨大的流量。

与此同时，Eleven 在行业内很快有了知名度。通过"DBA 女神"的个人品牌形象定位和自己出色的专业能力，Eleven 和 BAT（百度、阿里巴巴和腾讯）、数据库圈的一些"大佬"成了好朋友，在技术圈建立了很好的人脉。

2019 年，Eleven 在跳槽的时候，收到了来自阿里、腾讯、蚂蚁金服、华为、Pingcap 等行业巨头抛出的橄榄枝。在一番纠结之后，Eleven 最终选择入职中国光大银行总部。

从这个案例可以看出，形象要走在能力前。名字不只是名字，其背后是系统的个人品牌形象策划和定位。"网易 DBA 女神"这个名字即是 Eleven 的标签，为 Eleven 带来了源源不断的流量。

2020 年"十一"假期前，Eleven 在参与筹备光大银行的一个发布会时向我"取经"，聊起"网易 DBA 女神"这个定位。我再次给 Eleven 提供了建议：把"网易"两个字去掉，只打"DBA 女神"这个标签就行；要持续对这项品牌资产进行投资，只有这样，才能产生个人品牌资产的复利效应，这项资产的"雪球"

才能越滚越大；现在的投资越多，将来的收益就越大（见图 1 ）。

图 1　Eleven 的个人品牌形象定位

资料来源：Eleven 提供。

为什么说名字就是流量

很多人都有过这样的经历：坐飞机的时候，从走进机场的玻璃门到成功进入机舱的大门，至少要步行几公里。这段路程对行李箱的轮子是个不小的考验，尤其是对经常出差的朋友来说。

有位叫王嘉麟的人发现，很多行李箱都是单轮的，很容易磨损。于是他突发奇想：可以装两个轮子试试。没过多久，程序员出身的他就把产品原型做好了。这款神奇的产品叫什么名字才能大卖呢？这成为摆在他面前的一个严峻问题，当然，这也是很多创业者面临的问题。

有一天，他突然灵光一闪：既然我们产品的目标客户是经常出差的商务人士，而这些人经常会选择坐飞机出行，那么我们何不叫"飞机轮"，这个名字一听就很"高大上"。尤其是对很多还没有坐过飞机的人来说，坐飞机是一件奢侈的事情。在中国 14 亿人口中，没坐过飞机的人占大多数。这些人没机会坐飞机，买个"飞机轮"行李箱过过瘾总是可以的。

你还别说，"飞机轮"这个名字还真贴切：飞机的轮子刚好是双排的。这个名字为这款新产品带来了巨大的流量，单品销量排行直接从之前的 20 多名飙升至前三名。

所以说，产品重要，名字更重要，名字的背后就是流量，流量的背后就是交易量。

为什么说一个好名字能节省上亿元广告费

说起"阿里巴巴"，想必全世界人民都非常熟悉。很多人第一次听说这个名字，是在阿拉伯民间故事集《一千零一夜》的《阿里巴巴与四十大盗》中。阿里巴巴是故事的主角，他出身贫贱，后来因为一个偶然的机会，知道了出入盗贼宝库的咒语，在女仆帮助下，他们很巧妙地解决了四十大盗，过上了幸福的生活。机智的女仆也得到回报。这是一个关于勇气、智慧和财富的故事。

马云选择"阿里巴巴"作为自己公司的名字，可以说是全球企业命名案例中不可多得的经典。

为什么这么说？原因有以下三方面。

第一，"阿里巴巴"是一个全球知名的名字，而且在世界各国的发音都一致，这极大地降低了全球范围内消费者的认知和记忆成本。

第二，即使你是第一次听到"阿里巴巴"这个名字，你也会对它一见如故，脑海中关于"一千零一夜""芝麻开门"等与阿里巴巴这个人物密切相关的记忆模块会被瞬间激活。

一瞬间，马云的阿里巴巴就能获得"阿里巴巴"超级原型的"洪荒之力"，让这个品牌瞬间成为全世界人民的"老朋友"，获得人们的喜爱。

第三，不管是其拼音还是英文拼写，在很多以首字母顺序排名的名单中，"阿里巴巴"都能排在前面，这将使其获得无限的认知优势复利。

所以，大家在为品牌命名的时候，最好考虑一下名字的首字母是 A、B，还是其他靠后的字母。国外品牌如苹果（Apple）、亚马逊（Amazon），国内品牌如安邦保险、百度，名字就非常好，首字母不是 A 就是 B。腾讯、京东则差一点。

另外，像苹果、小米、娃哈哈这些名字，都是我们大脑记忆库中已有词语的组合，是我们从小就非常熟悉的名字，自然瞬间就可以被识别和记忆。品牌借用这些大众熟知的词语命名，可以极大地降低传播和记忆成本。

所以，一个好名字可以为企业节省巨大的广告费，有时远不止一亿元。试想，如果马云的公司不是叫阿里巴巴，那么它需要多少广告费，才能让全国人民很快记住？

在为企业或品牌取名字的时候，如果我们不知道该选哪个，就首选记忆成本最低的。成本是做品牌时需要考虑的基本要素（降低消费者的选择成本，降低企业的营销传播成本），掌握了这一点，也就掌握了做品牌的关键。

这背后的原理涉及脑科学、认知神经科学、生理学、心理学的相关知识。在本章的第二部分，我会进一步讲解。

消费者只记住了产品名但没记住品牌名，怎么办

在和不少企业家交流时，我都会听到同一个问题。企业好不容易打造了一款销量还不错的产品，结果没卖几年，这款产品的生命周期就到头了，只能从零开始，重新打造一款新产品。之前花费巨资建立起来的品牌资产，一夜之间归零了。

这就是典型的"只记住了产品名但没记住品牌名"。

对广告行业有所了解的朋友都知道，作品是一个广告公司最重要的品牌资产，也是广告公司的核心产品。不同的是，这种产品的生命周期更短，很少有能超过一周的。对于曾经风靡一时的 H5（HTML5 的俗称，指一种新的网页形式）营销案例来说，更是这样。我们很少看到有哪个 H5 案例能够刷屏一周，大多都像烟花一样，热度很快就会过去。

在中国就有这样一家创立于 2015 年年底的公司，幸运地搭上了 H5 这趟超级列车，创造了很多火爆社交网络的 H5 营

销案例，他们的不少作品甚至颠覆了人们对 H5 的认知。

我第一次关注到这家公司，也是因为 H5。当时我还在百度集团市场部工作，看到周围有不少人在转发姜文的新作《一步之遥》的营销 H5"凭什么爱姜文"。第一眼看到这种美术风格时，我非常喜欢，于是就想了解这是哪家广告公司出品的，看是否有机会与之合作出个爆款案例。

我问遍了圈中好友，结果没有人知道。这就是典型的"信息不对称"，产品很有名，但大家都不知道它是哪个企业生产的。虽然爆款案例没合作成，但我却意外地为这家公司创作了它自成立以来的第一个爆款宣传广告。

2015 年 1 月的某一天，我看到朋友圈里有不少人转发大众点评的 H5"我们之间就一个字"。于是，这次我化身为广告"侦探"，终于挖到了这家公司的底细，一口气写就了关于这家公司的第一篇专业报道。结果这篇文章当天就火了，在朋友圈和网络上引起了自传播刷屏，让当时名不见经传的神秘公司在社交网络一夜成名，直接导致其第二天的业务电话被打爆。据媒体报道，在我的文章爆火之后，这家公司的客单价由之前的 35 万元左右涨到了 400 多万元以上。我的文章导致这家公司产生了爆发式裂变，后续被 CBN 第一财经、界面、梅花网、广告门、数英网、顶尖文案、麦迪逊邦、中华广告网等专业媒体和众多自媒体持续报道。

后来这家公司的创始人对我说："伟哥，感谢你那篇雄文，第二天我们公司的电话就被打爆了，从那之后的很长一段时间内，我每天都是在忙着拒绝新客户。"

对了，这家公司叫 W，如果你是广告行业的从业者，或是在甲方市场部工作，你应该不会陌生。这是我为 W 公司放的"第一把火"，这把火解决了 W 公司爆款产品和公司品牌之间的信息不对称问题，将 W 公司从幕后推到了台前。这篇稿子也让我有机会和这家公司的创始人"聚"在了一起。

至于稿子的具体内容，有兴趣的朋友可以搜索"聚'W'一个突然火遍朋友圈的互动公司"这篇文章一探究竟。

消费者只记住了品牌名但没记住老板名，怎么办

下面聊聊我为 W 公司放的"第二把火"，这把火比"第一把火"的火势更猛烈。

2015 年 5 月，我策划的 W 公司创始人李三水在金瞳奖颁奖典礼上的演讲稿"H5 还能活多久？"，在零传播费用的情况下引发了刷屏，被人民日报媒体技术、数英网、顶尖文案、麦迪逊邦、中华广告网、广告导报、广告头条等专业媒体和众多自媒体转发，在社交网络上引发了近1000 万次的自传播阅读。

这篇稿子成功地解决了"企业有名、老板没名"这个信息不对称难题，让 W 公司创始人李三水一夜之间从幕后走到了台前，被大众所熟知，成了行业名人。下面和大家简单聊聊这篇稿子的幕后故事。

和第一次无心插柳的操作相比，这次我就像一个杀手一样事前进行了周密的策划。在得知 W 公司的"野狗头子"李三水不久后将从上海飞往北京，到光华路 5 号金瞳奖颁奖现场进行演讲的消息后，我就在琢磨，如何借助这次演讲，让李三水一夜之间站在整个中国广告行业的聚光灯下，为 W 公司和李三水之间画上一个等号，让人们但凡提到他的名字，就知道他是出了众多 H5 爆款案例的 W 公司创始人。

在他登上演讲台之前，我拿到了他最终版的 PPT。当然，作为主办方的广告门也拿到了同一份 PPT 的拷贝。在现场，我一边听三水演讲，一边留心观察现场听众的反应并拍了一些照片，以备传播之用。同时大脑中还在构思整个传播事件的引爆点。

颁奖典礼后，广告门的微信公众号把李三水的演讲 PPT 发了出来，但并没有引发疯传，和这个公众号平时推送的内容的传播量基本持平。按说不应该，难倒是他的演讲内容本身缺少传播性？这让人有点摸不着头脑，毕竟广告门的微信公众号是广告行业中的知名账号。针对这个问题，我想到了一个办法。同样的内容，用一个不同的角度切入，也许传播效果会不一样。

于是，在文章的开头，我先用故事制造了一个小小的悬念，好吊起大家的好奇心，吸引大家看下去。

结果，这一招还挺灵，效果远远超出了我和三水的预期。感兴趣的朋友，可以关注微信公众号"跨界创意营"，搜索"H5

还能活多久？"一文一看究竟。要想体会其中的奥秘，一定要两篇文章对比着看。

结合上面的案例，我们做一下总结。

第一，标题就是流量。"H5 还能活多久？"和"我觉得H5 还能多活 1 秒"这两个标题，你觉得哪个更吸引你，让你有点开的欲望？

我曾做过的很多实验表明，同样内容，使用不同的标题，点击率会有天壤之别。包括在写作本书的过程中，我对部分标题，也进行过多次测试。

第二，接地气。说大家都听得懂的话，用大家喜闻乐见的"语境"讲故事，能瞬间拉近距离，建立亲切感。

第三，把"硬广"变"软广"，把"强推"变成"助推"。

演讲 PPT 原本是 W 公司和李三水的一个大"硬广"，如果继续采取类似广告门那样的写法来报道，传播力就很有限，整个调性就会变成 W 公司的案例分享，无法发动更多人主动"替我传"，而助推的方式会好很多。

在此之后，我又为 W 公司和李三水策划了不少可以在社交网络上传播的内容。一年下来，W 公司和李三水一直处在行业热搜排行榜前列，这为其带来了巨大的流量。

在当年的OneShow（金铅笔）创意大奖颁奖典礼上，我有幸见证了李三水从外国专家手中接过全场大奖（见图2）。至此，李三水和W公司最关键的"两把火"算是放完了。时至今日，W公司依然很有影响力，代表作包括李宗盛出演的New Balance亚太区品牌形象广告《每一步都算数》、Nike的《管什么分寸》、Timberland的《真是踢不烂》、豆瓣的《我们的精神角落》、浦发银行的《我们的故事从没钱开始》《野岛》等。

图2　王宏伟与 W 创始人李三水在美国 OneShow 金铅笔奖全场大奖颁奖现场
资料来源：作者拍摄。

为什么说"名字就是护城河"

我们经常看到这样的新闻：某某公司豪掷多少亿元，只为买下某个品牌名称或者某个域名。

这些公司为什么要花这么多钱买品牌名称，而不重新选个品牌名称呢？

对此，我们看看"麦当劳之父"是怎么说的。在根据麦当劳创始人克洛克的真实事件拍摄的电影《大创业家》中，有这样一个经典的桥段：

在洗手间里，麦当劳兄弟问克洛克："有一件事我一直不明白，我们第一次见面时，我就给你看了我们全部的内容、完整的系统，我们全部的秘密，而且我们都是开放式教学，你为什么不偷学它，模仿我们的系统自己做，偏偏要付出巨大的代价来收购我们？"

克洛克说："我一定不是第一个参观过你们公司的人，但是，他们有多少人成功了？很多人都在做餐饮业，但谁能像麦当劳一样？从来没有人做到过，也不会再有人做得像麦当劳一样，因为他们缺少了一种东西，正是这种东西让麦当劳与众不同，它不是快速系统，而是'麦当劳'这个名字。这个荣耀的名字 McDonald's，它可以是你想要的任何东西。它是无限的、开放的。就像'America'这个名字。而克洛克这个名字太难听了，叫起来也绕口，谁愿意在克洛克餐厅吃饭呢？但 McDonald's 太美好了。叫 McDonald's 的人，是从来不会被生活打败的。我记得第一次看到这个名字时的情景，当时标识就在你的店面外，那是一见钟情，我当时就意识到，我要拥有它。"

最终在 1961 年，克洛克背着老婆抵押掉房子，勉强凑齐了 270 万美元，最终成功地从麦当劳兄弟手中得到了"McDonald's"这个名字。

经过 58 年的持续投资，在《2019 BrandZ 全球最具价值品牌100强榜单》中，麦当劳的品牌价值已经高达1303.68亿美元。它在BrandZ全球最具价值品牌排名中连续10年排名前十，成为全球最值钱的超级品牌之一。

从1961年的270万美元到2019年的1303.68亿美元，仅仅McDonald's（麦当劳）这个名字的品牌价值，就增长了48 000多倍，这还不算这个名字带来的其他收益。正如克洛克所说，麦当劳最值钱的就是这个名字，而不是别的。

所以，名字就是护城河。

记住我的样子

眼睛是人类最重要的感觉器官，我们接收到的80%以上的信息都是通过视觉获得的。

视觉是指人眼接受外部环境中一定波长范围内的电磁波刺激，视觉神经系统对其进行编码加工后获得的主观感受。人眼可见光是波长为370～740纳米的电磁波，约150种颜色。人眼的光信号感受器由若干细胞组成，它们按形状可以分为视杆细胞和视锥细胞。视杆细胞有600万～800万个，视锥细胞超过了1亿个。简而言之，任何图像归根结底都是各个明暗部分的组合。

"记住我的样子"指的是让人记住你的模样、品牌标志、形象、颜色、吉祥物、包装等视觉信号。

我是如何让面试官瞬间记住我的

和大家分享一下我刚毕业时找工作的真实经历。

简历对我们每个人来说是非常重要的"敲门砖"。在数以千计的应聘者中，如果能让对方记住你，你基本就成功了一大半。为了让对方通过创意记住我，我当时可是花了不少心思。

我从样子出发来考虑，我比较有特色的外貌特征就是嘴上的痣。当锁定"痣"这个切入点后，我的灵感一下子就来了。很多伟人嘴角都有痣，好莱坞著名影星玛丽莲·梦露嘴角就有一颗痣。于是，我做了一组广告画，广告语是：有"痣"者事竟成。我把我和玛丽莲·梦露等名人的照片放在一起，对人脸进行了虚化处理，重点突出了嘴角的痣，并配上了广告语。后来我了解到，正是因为这一系列作品给面试官留下了深刻的印象，我才成功拿到了录取通知。

在这一系列作品中，为了达到"记住我的样子"的目的，我采用的是后面会讲到的"超级信号原型记忆法"。其底层逻辑是生理学，一句话概括就是：人们只能识别他们已经认识的，只能记住他们已经记住的，只能听懂他们已经听懂的。其中的科学原理，我会在后面的章节中详细论述。

基于这一原理，我采用了大多数人都认识的名人，大多数人都听得懂的"有志者事竟成"这句话等超级信号原型，把我的形象嫁接到这个超级原型中，瞬间获得了原型的"洪荒之力"，让面试官看一眼、听一遍就能记住我、选择我。

品牌超级碎片：让人快速记住你、找到你的超级方法

我们做个小测试，在图 3 中，你看到了什么？

图 3　品牌超级碎片测试

资料来源：作者根据网络图片自己制作。

很多人会说：蜘蛛侠、绿巨人、天猫、可口可乐。没错。

这四张图片有很多地方都被遮挡住了，而且没有出现任何一个品牌 logo，甚至前两张图片都没有露出脸部，却能在瞬间被认出来。

这正是打造品牌的最高境界，也是众多国际一线品牌的终极目的：品牌超级碎片。什么意思？简单说就是，即使品牌被撕成碎片，也能被一眼认出来。品牌超级碎片，就是品牌超级战略图形。

可能有人会问："品牌超级碎片对我有什么用？"看完下文，你或许就会顿悟。

大家想想看，在信息大爆炸的当下，你们周围有几个人会完整地看完一个广告呢？

在绝大多数情况下，消费者没有耐心看完整个广告，他们看到的都是一些支离破碎的信息，他们会通过这些碎片信息来解码你想要传递给他们的内容。

在信息碎片化时代，我们该怎么办呢？在前人的基础上，我总结出了"品牌超级碎片"方法，即用"碎片"打造品牌的最小记忆单元，让广告效果大幅提升。

"品牌超级碎片"指的是：消费者通过品牌的一个局部信息，就能轻松识别出该品牌。也就是说，人们即使只看到一个碎片信息或只用余光扫一眼，也能瞬间识别出品牌，甚至在不出现品牌 logo 的情况下，也能准确识别品牌。这样可以把营销传播的成本降到最低，让广告效果得到大幅度提升。

品牌超级碎片是漫威、可口可乐风靡全球的法宝之一。LV、GUCCI 的花纹，Burberry 的格子，蜘蛛侠、绿巨人、超人等动漫形象，只要露出一个局部，就能被成功识别；即使把可口可乐的瓶子摔成碎片，只要捡起其中任意一片，人们也能一眼认出该品牌；在不出现品牌 logo 的情况下，苹果的手机和电脑也能被轻松识别。这些都是已经形成自己的"超级碎片"的品牌。

品牌超级碎片是品牌战略的顶层设计，有远见的企业都会投入重金进行品牌超级碎片建设。

有的朋友可能还是不明白，品牌超级碎片为什么能让广告效果提升 100 倍。

我再给大家举个例子。在足球比赛中，一支球队身穿耐克的队服，另一支球队身穿阿迪达斯的队服。在整场比赛中，直播镜头只要扫过阿迪达斯赞助的球队，电视观众就瞬间能识别该品牌，而对于耐克，直播镜头必须对准品牌 logo，电视观众才能识别该品牌。

如果镜头专注于捕捉球员的动作而不是队服，电视观众就看不到耐克的 logo 了。相反，阿迪达斯的三道杠特别显眼，从 T 恤到短裤、袜子，再到鞋子，只差在运动员脸上涂上三道杠了。各位看到这里，想必已经被阿迪达斯的品牌营销能力折服了吧。

阿迪达斯的三道杠就是"超级碎片"，其高明之处就在于，碎片效应非常强，非常容易被识别，不用占据服装胸部的黄金位置，处于肩膀、裤线等位置就可以独立完成传播。耐克则只有将 logo 放大，放在衣服的黄金位置才能被识别，而这些位置大多会被赞助商、球员编号、球队等信息占据，对品牌来说干扰信号非常多，品牌的信号能量会被大大削弱。

一场比赛下来，阿迪达斯的被识别率会比耐克高出很多，对消费者产生的品牌刺激也会更强烈。在广告费用相同的情况下，阿迪达斯的收益显然更大。这还只是一场比赛。试想一下，在阿迪达斯和耐克每一次同时出现时，前者对消费者的刺激都远远超过后者，这种差距是非常巨大的。

在当下的中国企业中，天猫是为数不多可以通过超级碎片测试的品牌之一。在一项测试中，我把天猫的 logo 去掉，只露出标志性的猫头符号，95% 以上参与测试的人都能成功识别该品牌。

超级碎片就是超级品牌资产，能极大地降低企业的营销传播费用，极大地提高广告信号的刺激效果。

有人可能会问："王老师，你说的都是大企业的例子，我们这些小品牌该如何打造自己的超级碎片呢？"

下面我分享一个案例，是我在为王格加油站提供品牌战略营销咨询服务时设计的一套品牌超级碎片方案。

如何用品牌超级碎片提升广告效果

在为王格加油站进行品牌设计时，我从品牌超级碎片（超级战略图形）出发，重点考虑如何才能将企业的营销传播成本大幅度降低，同时大幅度提高企业的收益。

在调研中，多家民营加油站的老板向我们反馈，某些加油站白天生意还可以，一到晚上生意就特别差。品牌识别率非常低，司机很难找到，生意自然就少了。

据说某石油公司高层曾专门在夜间开车去实地探访加油站的网点布局情况，结果找了半天才找到一个站点。出于明确的目的去寻找加油站尚且找不到，对一般车主来说，更是难上加难。

在这种情况下，有的加油站老板就脑洞大开，充分发挥主观能动性，在加油站外面竖起了两道来回晃动的顶天灯，以此吸引从此呼啸而过的司机的注意力，有的甚至挂起了七彩霓虹灯。

当然，这也是麦当劳兄弟刚创业时遇到的难题，好在麦当劳兄弟非常聪明，通过闪闪发光的"金拱门"完美地解决了这个问题。大家今天看到的麦当劳 M 形标志，就是从"金拱门"演绎来的。

在我看来，实体加油站是最好的超级信号，每一个站点都是一个超级信号发射塔，都有机会把途经的和半径 5 公里内的汽车吸引到加油站里来。按照这样的逻辑，加油站的曝光率就是第一位的，品牌能见度越高，广告的转化率就越高。

我讲到这里，想必大家已经明白，对民营加油站来说，除了"产品力"，最主要的就是曝光率和能见度。简单点说就是，加油站的招牌要足够醒目，这样曝光度才足够高，传播成本才能被降到最低，即使在车速 200 码的情况下也能被瞬间识别。发现率和能见度提高后，生意自然就会好转。

在这一品牌战略指引下，基于王格这个品牌自身的特点，我想到了世界一级方程式锦标赛中的黑白格子旗。在比赛中，哪怕车速非常快，赛车手也能瞬间识别黑白格子旗。黑黄格子是王格的战略图形符号，这一符号能瞬间激活车主关于世界一级方程式锦标赛、速度、激情、能量、惊喜的集体潜意识，实现传播效果的增强和信号能量的放大（见图 4）。

图4 王格加油站最终效果图

资料来源：http://www.aichong.cn/shehui/50778.html.

格子是王格这个品牌与生俱来的戏剧性，"格"的下半部分刚好是个"口"字。这样一来，黄黑格子这一超级碎片和王格这个品牌就嫁接得更加自然了。很多时候，我们要做的就是发现品牌与生俱来的戏剧性，并把它增强（见图5）。

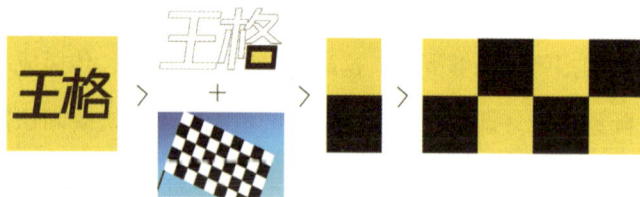

图5 王格黄黑格子的由来

资料来源：作者制作。

从色彩和造型两方面，我成功打造了王格的黑黄格"超级品牌碎片"，有效降低了车主的识别、记忆、选择成本以及企业的营销宣传成本。

即使你以200码的速度开车行驶在马路上，你也能瞬间找到王格加油站。就像世界一级方程式锦标赛中的赛车手一样，即使车速非常快，赛车手也能用余光瞥到黑白格子旗和地上的黑白格子线。还有比黑白格子图案识别成本更低的图案吗？如果有的话，世界一级方程式锦标赛早就换用更醒目的图案了。

如果足够细心的话，你就会发现，在我们开车或者坐车的途中，黑黄组合几乎无处不在。黑黄格子能激活车主大脑潜意识中的符号联想，实现信息传播效果的最大化。

我们来看一下图6中两种设计的效果，显然第二种设计更醒目、更吸引人、更能发挥品牌超级碎片效应。

图6　使用黑黄格子前后的效果对比
资料来源：作者制作。

最后，我们对王格的黑黄格子图案进行一次品牌超级碎片测试，看看受众是否能通过碎片，瞬间成功认出这一品牌（见图7）。

结合上述案例，我们可以学到的经验有如下四点。

第一，在广告预算相同的情况下，品牌超级碎片能让你的广告效果翻好几倍，让你的品牌曝光率最大化。曝光率带来的

图7 黑黄格子品牌超级碎片测试

资料来源：作者制作。

是流量，流量带来的是转化，转化带来的是收益。而且，这还是一种复利效应。

第二，品牌超级碎片是品牌的最小识别单位。每一个碎片都是完整的，都能量无限，都可以独立完成品牌识别。在碎片化时代，品牌超级碎片是提升广告效果的超级武器。

第三，品牌超级碎片又叫品牌战略图形，是打造品牌的最高境界。要从企业品牌的战略顶层进行设计，让每一笔广告费用，都成为对品牌资产的投资，都能产生实际的收益。

第四，"五觉"是我们打造品牌碎片的五种路径。除了视觉超级碎片，还有听觉超级碎片、味觉超级碎片、嗅觉超级碎片、触觉超级碎片。

可口可乐是如何打造品牌超级碎片的

只要看到可口可乐弧形瓶的轮廓，我们就能识别可口可乐这个品牌。在我进行的相关测试中，90%以上的受试者一眼就能认出该品牌。这就是可口可乐弧形瓶的独特魅力所在。

距离1915年第一个可口可乐弧形瓶的诞生已经过去100多年了，迄今为止，全球共有3000多亿个弧形瓶被销售出去。每一个弧形瓶，都是可口可乐品牌"护城河"上的一块砖。

弧形瓶是如何诞生的？这还得从彭伯顿和阿萨这两位药剂师说起。

1886年5月8日，在美国亚特兰大的一间实验室里，药剂师彭伯顿试制出一种糖浆，他和助手给这种糖浆取名可口可乐（Coca-Cola）。

"Coca"和"Cola"是分别产自南美洲和非洲的两种植物，"Coca-Cola"这个名字当时没有什么特别的含义，只是为了押韵，听着顺耳。这充分说明，"押韵修辞法"非常重要，100多年前彭伯顿为这种糖浆命名时就采用了这一方法。关于修辞法，我会在本书第二章进行详细讲解。简单来说，押韵的名字天生具有一种魔力，能轻而易举地绕过人们大脑的防线，瞬间获得人们的好感。

年轻时受过伤的阿萨备受偏头痛的折磨。1888年，他的朋友建议他试试可口可乐。阿萨试饮后，头痛果然减轻了。后来，他不断饮用可口可乐，偏头痛竟神奇好转，这使得身为药剂师的阿萨对可口可乐大感兴趣。经过调查后他发现，彭伯顿并不善于经营这种产品，于是他决定入股。

1888 年 8 月 30 日，阿萨在支付了 1000 美元的尾款后，终于拥有了可口可乐的全部股权。前后总共花了 2300 美元，阿萨成了可口可乐的主人。

1890 年，阿萨停掉了自己别的生意，专心经营可口可乐。阿萨有一句座右铭："今天损失的可口可乐，明天再也补不回来。"

面世之初，可口可乐是在药店的柜台里被配制出来的。配合销售的还有一套精心设计的配制仪式，跟今天配制马天尼酒的过程类似。销售人员要搅拌配料，摇匀，然后优雅地倒出，供消费者享用。

阿萨的侄子们也学会了这套仪式，他们驾着马车周游南方，马车后面装着一桶桶糖浆。他们到完全陌生的城镇去推销可口可乐，到药店去培训员工配制饮料，然后郑重其事地一遍遍进行表演。

约会中的青年男女会到出售可口可乐的地方小坐并喝上一杯，销售人员也会完成精心设计的配制仪式，让顾客感到不虚此行。

在阿萨接手可口可乐公司最初的 10 多年间，可口可乐一直是由汽水机现场调制并按杯售卖的。这种售卖方式大大限制了企业的增长速度。

为了实现快速增长，可口可乐决定推出瓶装可乐，方便人们随时携带、随地畅饮。

很多时候，一个小小的改变就能带来爆发式的增长。可口可乐由现场调制改成瓶装出售，就是非常经典的用低成本的改变实现高增长的案例。

瓶装可口可乐一经推出便大受欢迎，销量节节攀升。

就在这个时候，一个新问题出现了。由于瓶子设计太过简单，很容易被复制，一时间各种仿冒产品充斥市场，令消费者真假难辨。

大量仿冒产品让可口可乐的品牌和销量受到了严重影响。公司高层经过多次论证后决定研发一款独一无二的包装。

1915 年，可口可乐公司向全美国的玻璃制造公司广泛征集方案，要求设计一款绝无仅有的玻璃瓶，独特到"在黑暗中仅凭触觉即能辨认，甚至摔碎在地也能被一眼识别"。从这一要求来看，可口可乐是践行品牌超级碎片理念的先驱。

最终，来自印第安纳州泰瑞豪特的鲁特玻璃公司（Root Glass Company）的设计方案脱颖而出，一举中标。由此，独一无二的可口可乐弧形瓶横空出世，不仅成为其核心的品牌资产，更是引爆其业绩持续增长的"撒手锏"。

关于这个设计方案的灵感来源，有两种说法：一种说法是，其受到了女士裙子形状的启发，瓶子底部很像女士的裙摆；另一种是可口可乐公司的官方说法，即灵感来自可可豆的形状和轮廓。在我看来，官方的说法更多的是为了和可口可乐与生俱来的戏剧性进行绑定。

1950 年，可口可乐弧形瓶登上美国《时代周刊》封面，成为首个出现在该杂志封面的商业产品，由此奠定了其国际品牌的地位。当然，用今天的品牌公关思维来说，此举不排除是商业互捧行为。

《时代周刊》本想用可口可乐公司前 CEO 罗伯特·伍德鲁夫的照片作为封面，但被伍德鲁夫婉拒，他认为品牌更重要，应被隆重介绍。

伍德鲁夫的"无我"精神，值得每个企业家学习。

如果当时伍德鲁夫稍微"自我"一点，答应在《时代周刊》的封面上放自己的靓照，那么可口可乐很可能不会成为第一个出现在《时代周刊》封面上的商业产品，今天的可口可乐也会失去这个宝贵的品牌资产。

时至今日，可口可乐弧形瓶和麦当劳一样，已经成了美国流行文化的一部分。整个 20 世纪，不断有艺术家在弧形瓶中找寻创作灵感，包括波普艺术大师安迪·沃霍尔、创造出圣诞老人形象的画家弗雷德·迈兹恩等。

可口可乐的弧形瓶、麦当劳的 M 形标志和红黄色，早已成为品牌超级碎片，是业绩持续增长的强力引擎。因为品牌就是流量，由品牌带来的流量是最便宜的。

1949 年的一项调查表明，超过 99% 的美国人，仅凭包装的外形就能辨认出可口可乐。

可口可乐弧形瓶的故事，值得每个企业家深思：如何找到属于自己的"弧形瓶"和"视觉护城河"。

记住我的价值

"把 1000 首歌装进你的口袋里"（乔布斯语），这是 iPod 带给你的价值。

这个价值点不仅为苹果带来了爆发式的增长，也引爆了苹果全系产品的增长，盘活了苹果的整个商业生态。

2002 年，iPod 销量上升到 160 万台，较前一年增长超过 100%。这一年，苹果公司在数字音乐市场的占有率一举超过了 50%。2003 年，iPod 的热销依然为苹果公司带来了巨大的利润。2004 年，iPod 的全球销售额突破了 45 亿美元。

"怕上火，喝王老吉"，这是王老吉这款植物饮料带给你的价值。

通过这个价值点，在铺天盖地的广告轰炸下，王老吉进入飞速增长的快车道，销售额由 2002 年的 1 亿元迅速增加到 2008 年的 180 亿元，超过了可口可乐罐装饮料在中国的年销量，成为当时饮料单品中的第一名。

价值是顾客选择你的超级理由，是一切增长的起点。价值的背后是战略定位。

越是能用最少的字讲明白你的产品的价值，说动别人选择你，你的产品的含金量就越高，你的品牌也就越值钱。大道至简，就是这个道理。

这背后是个庞大的系统工程，不仅涉及品牌营销的很多知识，还涉及心理学、脑科学、生理学、经济学、行为经济学等众多跨学科知识。

在实际操作中，最难的一步往往是找准自身的价值，并用一句话讲明白。

你需要从战略定位上搞明白，你是在创造价值，还是在传递价值。

你可以试着用一句话来描述你的企业或你自己的核心价值，看这句话能不能瞬间说服别人。

用"三王战略定位法"找到你的战略定位

"三王战略定位法"中的"三王"分别是指国王、王爷和新王。

"国王"的战略定位是成为某个领域的领导者和游戏规则的制定者，如茅台就是酱香酒领域的"国王"。

"王爷"的战略定位是绑定"国王"，"紧跟"国王分享行业红利，如郎酒的青花郎采用的就是典型的"王爷定位法"，它通过绑定茅台，打出"青花郎·中国两大酱香白酒之一"的口号，紧跟茅台，抬高自己，从而获得增长。

"新王"的战略定位是绕过"国王"和"王爷"，开辟一个全新的赛道，并成为这个赛道的王者，如"蓝色经典·梦之蓝，中国绵柔型白酒开创者"就是典型的"新王定位法"。

"三王战略定位法"的最终目的是：让你的品牌成为消费者的首选，占领用户的心智。

"国王"采用的是"防御战"战略，聚焦于信息的对称化，通常采用的是引领策略。"国王"是游戏规则的制定者，也是品牌溢价最高者。"王爷"采用的是"进攻战"战略，聚焦于信息的趋同化，通常采用的是跟随策略。"王爷"跟在"国王"身后，力图从后者的盘子中分一杯羹。"新王"采用的是"侧翼战"战略，聚焦于信息的差异化，通常采用的是创新策略。"新王"通过"侧翼战"，绕过该领域的"国王"和"王爷"，开辟一个全新的赛道，从而成为新赛道中的国王，变成新游戏规则的制定者，提高品牌溢价。

"三王战略定位法"的精髓不是去创造某种全新的事物，而是根据企业自身的资源禀赋和竞争环境，对人们心智中已经存在的认知，进行重新关联绑定和信号编码，因为人们只能识别已经记住的、看懂已经懂得的。认知心智一旦形成，就很难改变。

在这里我不做过多论述，在第三章，我会根据具体案例为大家详细讲解。

如何用一句话，让人们记住你的价值点

下面和大家分享一个我的实操案例。

　　我第一次和李航见面是在 2015 年的中关村创业大街，当时全民创业潮如火如荼。那时李航还叫 Steven，在公开场合，他很少用"李航"这个名字。

　　第二次和李航见面时，我才知道他的"底细"，原来他是中国第一位皇家侍酒师。隔行如隔山，当时我对侍酒师的理解就是"帮客人倒酒的"。在经过深聊后，我发现这种职业的技术含量还是挺高的，据说达到李航这种水准的侍酒师，全世界只有六位。

　　李航在回国前是全球唯一一家八星级酒店阿布扎比皇宫酒店皇家侍酒师团队的一员。在 8 年侍酒师职业生涯中，他服务过 26 位总统，安排过 43 场皇室葡萄酒晚宴，还曾入围 2011 年"英国年度最佳酒单"设计师。

　　在和李航的聊天中我得知，他正在创业，他的公司叫"侍上文化"，品牌名称是"侍文院"。听到这个品牌名称后，我提出了自己的意见："'侍文院'这个名字，理解成本太高了，普通人根本不知道你们公司是干什么的。"同时，我对李航本人的建议是："在中国进行推广时，最好把 Steven 这个英文名去掉或者予以弱化，主打'李航'这两个字。"

　　当时，他的团队中有人表示不认同："王老师，我觉得 Steven 这个名字很好，听上去很洋气、很国际化。"

　　我说："来，咱们做一个测试，看你能不能一次性拼对 Steven 这个英文单词。如果你成功通过了这个测试，那么咱们再来考虑一个问题：在中国二三线城市，有几个葡萄酒行业的侍酒师能写对这个名字。Steven 这个名字传播成本太高了，最关键的是，它很难形成品牌资产。"

时间飞逝，转眼到了 2020 年。有一天我看到李航在微信朋友圈发的照片，突然灵光一闪，想到一句话，"侍文院——侍酒文化领航者"。这简直是天意，太适合了！我立马将其编辑成微信发给了李航。李航很喜欢这句话，当即就决定将其作为广告语。为了降低大众的理解门槛，我又提出，可以根据情况加上"侍酒品酒·餐饮搭配·品牌营销"这几个和他当下的主推业务紧密相关的词语，以此提高转化率（见图 8）。

图 8　李航团队的品牌传播方案
资料来源：作者拍摄。

我用"侍文院——侍酒文化领航者"这句超级信号，主要是想实现以下两个目的。

第一，将李航的个人品牌资产嫁接到侍文院这个新品牌里，并将这个新品牌瞬间提升到侍酒行业"领航者"的地位。

这就是我前面说的，建设品牌资产的第一步是"寻宝"。如果是个人品牌的话，这个"宝"就要在个人身上寻找，"航"字就是我从李航身上找到的超级宝贝。从李航在侍酒师行业的资历来说，他完全够得上"领航"这两个字。

我对李航的团队说："你们在对外介绍公司的时候，只要用最简练的语言把'侍文院——侍酒文化领航者'这句话讲透就行了。如果有人问'侍酒文化领航者是什么意思'，你们可以这样回答：不是所有的侍酒师都能成为侍酒师领域的领航者。首先，这个'航'字取自我们创始人的名字；其次，李航作为中国第一位皇家侍酒师，服务过全世界26位总统，安排过43场皇室晚宴，毫无疑问，他就是侍酒文化这个行业的'航向'。侍文院就是培养一流侍酒师的超级'航母'，从侍文院走出去的学员就是这个行业未来的领航者。"

第二，这是人们选择"侍文院"的超级选择理由。

"侍文院——侍酒文化领航者"这句话可以瞬间把侍文院的价值彰显出来，这也是人们选择侍文院的理由，当然，也是侍文院独一无二的品牌资产。

在这个顶层设计的逻辑之下，每一次的品牌露出都会是品牌资产的一次积累，长此以往，它将产生巨大的复利效应。

从2015年和李航第一次头脑风暴，到2020年"侍文院"的全新战略定位和品牌战略升级，我有幸见证了"侍文院"从0到1的关键过程。如今的"侍文院"已经成为亚洲最大的侍酒餐饮文化教育"航母",在全球拥有 100 多所分院,遍布中国、澳大利亚、阿德莱德、墨尔本等国家和地区,为全球的侍酒餐饮文化行业培养了众多"领航者"(见图 9)。

图9　王宏伟与李航在 2016 年中国企业家博鳌论坛会场做客新华社新华访谈

资料来源:作者拍摄。

从上述案例中,我们可以学到如下经验。

第一,品牌和产品才是所有广告中的超级明星,而不是明星本人。

很多企业的营销人员都会犯一个错误:让受众记住了明星,但没记住产品;让受众记住了广告创意,但没记住产品利益;让受众记住了广告语,但没记住产品名称。

这就要求我们的创作人员,要有以终为始的观念,从营销战略的顶层设计视角来思考我们的品牌营销活动。在创作的一开始,我们就要做好顶层设计,分清主次。明星、广告、创意都是为产品和品牌服务的,都是为"立刻卖货、快速卖货、一直卖货"这个最终目的服务的。

一切营销活动都是围绕销售和品牌资产的建立展开的，而不是别的。

第二，首要是"叫座"，其次才是"叫好"。

"叫座"是消费者选择我的品牌，购买我的产品；"叫好"是消费者使用了我的产品后，觉得不错，主动向亲朋好友推荐我的产品，也就是"替我传"。这样一来，原本"向我买"的消费者，就变成了"替我传"的销售者。

02

让人们“记住我”的
三种方法

要想让人们记住你的商品、品牌、服务或者个人品牌IP，你需要在人们心中长期占据一个有价值的定位。

为此，我们先要问自己四个问题：我能为社会解决哪些具体问题？我能为人们提供什么独特价值？我是价值创造者，还是价值传递者？如果哪天我和我的产品或品牌不幸消失了，人们是否会若有所失？

这背后是"利他"思维（我能为他人带来什么利益），也是"利我"思维（我有什么可以被他人利用的价值）。

对顾客来说，我的商品是有价值的商品吗？对他人来说，我是个有价值的人吗？

怎样才能让人们快速记住我？经过10多年的摸索，我总结出三种超级记忆法，即超级信号记忆法，信号能量记忆法，重复刺激记忆法。

超级信号记忆法

如何让人们看一眼、听一遍就"记住我"

有人可能会有疑问：世界上真有让陌生人看一眼、听一遍就能"记住我"的方法吗？是的。

在给某公司新入职的员工做品牌战略培训时，我通常会跟他们做个互动小游戏，看他们是否能在最短的时间内记住下面这组编码：xdzf.mfhcd.com。

读者朋友不妨也试一试，看自己能在多长时间内记下来，能记多久。

是不是有点难度？

通常而言，在我对信息进行解码之前，很少有人能记得住、记得牢；在我对信息进行解码后，现场大部分听众只要听一遍、看一眼，就能很快记下来，并且记得很牢。

首先，我们可以确定，这组编码是一个网址，因为后缀是".com"。这个后缀毫不费力就能记住。

其次，前面连续的四个字母"xdzf"非常好记，你可以将其解码为"现代支付"的拼音首字母。怎么才能记住中间连续的五个字母"mfhcd"呢？这是难倒很多人的地方。除非你英文非常好，否则你很难想到"mfhcd"是"modern finance holding chengdu"这几个单词的首字母。怎样才能让英文不好的人快速记住"mfhcd"这个字母串呢？这个问题浪费了我不少脑细胞。有一天我恍然大悟：把这组编码解码成中文，可以有效降低记忆的门槛。

我对"mfhcd"这个字母串重新进行了解码，把它解码成了"没法回成都"的拼音首字母。这样一来，"xdzf.mfhcd.

com"就很容易记忆了。

可能有人会问，为什么我要把"mfhcd"解码成"没法回成都"？

因为现代支付公司的总部在成都。对现代支付公司那些常年出差在外的员工来说，没有比"没法回成都"这句话更能引起共鸣的了。每当我讲到这里时，台下新员工的脸上就会不约而同地露出笑容，并在谈笑间轻松记住现代支付的网址。

经过我的解码，不仅现场 95% 以上的新员工能很快记住这一网址，一个月后我进行回访时，很多人仍然记得很准确。这是我们在传播中经常会遇到的问题。我时常觉得，从事品牌营销咨询这一行，就跟当间谍一样，要不断对客户的"情报"进行翻译、解码、编码，往往还要把客户既定的复杂"传播编码"，用通俗易懂的方式让广大消费者瞬间记住。

"脑科学界霍金"提出的三种记忆类型

全球最著名的脑科学家之一、美国国家科学院院士迈克尔·加扎尼加认为，人类科技未来最大的突破点在意识控制。

加扎尼加有多厉害呢？"加扎尼加之于脑科学的研究，堪比斯蒂芬·霍金之于宇宙的研究"，这是美国《纽约时报》对他的评价。

在他和他的两位好友合著的《认知神经科学》这本书中，他们根据信息维持的时间长短，将记忆分为三种：感觉记忆，短时记忆，长时记忆（见图 10）。

感觉记忆 · 短时记忆 · 长时记忆

毫秒/秒　　　　几秒/几分钟　　　　天/年

图 10　三种记忆类型

资料来源：作者绘制。

感觉记忆是按毫秒或者秒来计算的记忆。比如，我们可以记起某人刚刚说过的话，即使我们当时并没有刻意去听、去记。

短时记忆是指那些能够维持几秒钟或者几分钟的记忆。像我们收到的短信验证码等，如果不刻意去记，一般只能在记忆中留存几秒钟。再比如我上文提到的 xdzf.mfhcd.com 这组编码。如果没有经过解码，只靠死记硬背的话，它顶多在我们记忆中留存几分钟。

长时记忆是按照天或者年来计算的记忆。像你初恋女友的名字，或是你童年时拿到的第一个全国性冠军奖项，或是上周你和几年没见的大学同学的聚餐地点。

对企业和品牌营销从业者来说，最难的是让自己推销的产品或品牌，在被人们不经意间看到或听到的瞬间，进入人们的长时记忆。

如何才能用最少的费用、最短的时间，让我们推销的产品或品牌毫不费力地进入人们的潜意识，成为人们大脑海马体中的长时记忆呢？

这是我接下来要详细讲述的内容：超级信号记忆法。

超级信号记忆法：解码、编码、储存

一切传播行为都是信号的编码与解码，一切购买行为都是对信号的刺激与反射，一切品牌的最终目的都是建立品牌超级信号。

发信方（卖方）将"选择理由"编码成一个超级信号，通过媒介发射给收信方（买方），买方接收到信号刺激后，再对其进行解码，然后做出行为反射。编码即信息信号化，以卖方为中心；解码即信号信息化，以买方为中心（见图 11）。

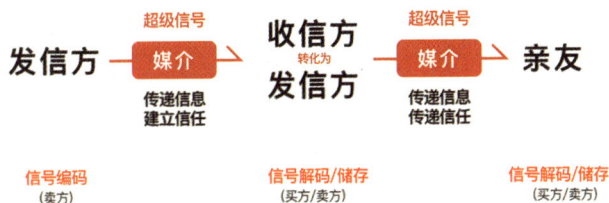

图 11　超级信号记忆法

资料来源：作者绘制。

虽然解码总是力图接近编码，但现实情况总是很难完全如愿。最常见的现象是，卖方编码的信息是"1"，买方解码的信息是"0.01"，在这个过程中，信号损耗了 99%。通过超级信号编码法（引爆买方集体潜意识），我们就可以将信号放大 100 倍（见图 12）。

创建超级品牌，就是创建品牌的超级信号系统；创建品牌的超级信号系统，就是创建一套可以让消费者瞬间产生行为反

一切传播战略，都基于信号的损耗和放大

超级信号研究的是如何实现1大于100的传播效果

$1 \longrightarrow 0.01$ $1 \longrightarrow 100$

信号损耗   信号放大

发信方　收信方　　　发信方　收信方

其它信号　　　　　　　　超级信号

图 12　信号的损耗和放大

资料来源：作者绘制。

射的品牌超级编码。这种行为既是"选择我"，也是"替我传"（原本"向我买"的消费者变成了"替我卖"的销售者，见图 13）。

通过超级信号

将向我买的"消费者"转化为替我卖的"销售者"，从而实现裂变增长

转化为

发信方 ← **超级信号** → **收信方**

信号编码　打破信息差　信号解码/储存

（卖方）　建立信任链　（买方）

图 13　将"消费者"/"选择我"转化为"销售者"/"替我传"

资料来源：作者绘制。

超级信号记忆法可以将我们要传播的信息，牢牢地植入进消费者的心智中，成为消费者大脑中的长时记忆，成为消费者购买时的首选。

通常来讲，超级信号记忆法分为三步：解码，编码，储存。

第一步，解码。对你需要消费者记住的信息进行解码，最重要的是发现企业、品牌、产品与生俱来的戏剧性，并把这种戏剧性最大化。在具体的商业实践中，我们大多数时候都是对顾客为什么选择你而不选择别人的超级选择理由进行解码和编码。

第二步，编码。将你要传达的信息与人们本来就记住的信息和大脑中本来就存在的编码进行嫁接，生成一个人们听一遍、看一眼就能记住的超级信号编码。

人们本来就记住的信息编码，可以理解为"宫殿记忆法"中的"宫殿"，也可以理解为荣格所说的集体潜意识。它是人们共同的记忆、共同的生活经验、共同的人类文化。只有这样，我们的新品牌才能一夜之间成为全国人民的"老朋友"。

第三步，储存。品牌超级信号是能瞬间进入人们长时记忆里的超级信息编码，可以让我们的品牌和商品瞬间获得消费者的信任。它是将你要传达的信息与人们本来就记住的信息编码进行嫁接，而不是创造一个全新的信息编码模块。只有这样，消费者才能记得牢、记得准、记得久。

如何在 10 秒钟内牢记"战国七雄"

当孩子突然问你"爸爸，'战国七雄'是指哪七个国家？"时，你大概率会像我一样突然一愣，想半天也凑不齐七个名字，即使勉强回答出七个来，也不确定回答的对不对。

如果你上网搜索一下，就会知道"战国七雄"的名字。但它们极有可能会成为你的短时记忆。那么，如何才能让它们成为你的长时记忆呢？让我按照上文所说的三步法来重新记忆一遍。

第一步，解码。解码最重要的是发现品牌与生俱来的戏剧性，并把这种戏剧性放到最大。就像我们烧开水一样，要一次性把水烧到 100 摄氏度。

我们对这七个国家进行重新排序：赵国、魏国、韩国、齐国、秦国、燕国、楚国。照此顺序一排列，最大的戏剧性已经出来了。在这里，我们可以找到两个明星的名字：赵薇（赵、魏），齐秦（齐、秦）。现在最关键的是，我们如何把这种戏剧性放到最大。如果你自己就能解码到这一步，那么恭喜你，接下来的内容会带给你更多的惊喜。

第二步，编码。借助赵薇和齐秦这两位明星的超级原型的力量，我们重新对"战国七雄"进行编码：

赵薇喊齐秦演出 = 赵（赵国）薇（魏国）喊（韩国）齐（齐国）秦（秦国）演（燕国）出（楚国）

这样一来，你瞬间就能记住这一串名字。

第三步，储存。在大脑中，我们将"战国七雄"储存为"赵薇喊齐秦演出"这个记忆模块。这个记忆模块肯定进入了我们的长时记忆（见图 14）。

第一步：解码

秦国、楚国、齐国、燕国、赵国、魏国、韩国

赵国、魏国、韩国、齐国、秦国、燕国、楚国

第二步：编码

赵(赵)薇(魏)喊(韩)齐(齐)秦(秦)演(燕)出(楚)

第三步：储存

战国七雄=赵薇喊齐秦演出

图 14　"战国七雄"的解码与编码

资料来源：作者绘制。

如何让一个新品牌瞬间成为人们心目中的第一品牌

在这里，我借用前面提到的"侍文院"的案例，用"超级信号记忆法"做一次简要的复盘。

第一步，解码。在解码中我发现，"侍文院"这个名字很难说服受众，也很难给受众留下深刻印象。最关键的是形不成"唯一"或"第一"的印象。要想快速赢得消费者，就必须成为消费者大脑中的"第一"或者"唯一"。就像人们通常只能记住奥运会金牌获得者，很难记住银牌和铜牌获得者一样。

顺着这个思路，我继续"寻宝"，找到了侍文院的创始人李航这个大宝贝。在他身上，很容易挖掘出"第一"和"唯一"的元素。找到企业、品牌、产品、创始人身上的"第一"或者"唯一"的元素，是解码过程中最关键的动作。

从消费者视角进行解码，目的是找到消费者为什么选择你而不选择别人的超级选择理由，而李航恰好是消费者选择侍文

院的超级理由。

第二步，编码。我对上述信息进行了如下编码：

侍文院 = 侍酒文化领航者 = 创始人李航 + 领航者（中国首位皇家侍酒师 + 服务全球 26 位总统 + 安排 43 场皇室葡萄酒晚宴）

"侍文院——侍酒文化领航者"这个超级信号编码应运而生，它可以瞬间让"侍文院"这个新品牌成为广大消费者心目中排名第一的品牌 (见图 15)。

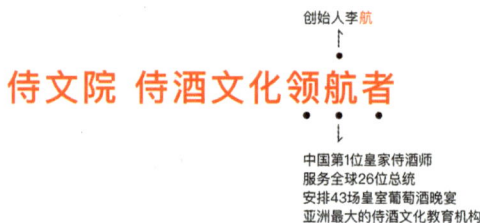

创始人李航

侍文院 侍酒文化领航者

中国第1位皇家侍酒师
服务全球26位总统
安排43场皇室葡萄酒晚宴
亚洲最大的侍酒文化教育机构

图 15　侍文院——侍酒文化领航者"超级信号编码应运而生
资料来源：作者绘制。

第三步，储存。受众在将"侍文院——侍酒文化领航者"的编码存入大脑的同时，也将这一编码与总统、皇家晚宴等集体潜意识嫁接到了一起。这样一来，我们就实现了"1 大于100"的传播效果。

如何用一个信号让人们快速记住我们的优势

我在给现代支付公司的新员工做培训时，通常会给出三组编码与现场的观众进行互动，"3710121.222"就是其中的一组（见图16）。

3710121.222

图16 "3710121.222"编码

资料来源：作者绘制。

如果不进行解码，现场听众最难记住这组编码，因为对他们来说，这是一组全新的和自己没有关联的编码。

读者可能比较好奇：这组数字有什么深意呢？

这组数字是我为现代支付公司提炼的核心品牌资产，也就是说，我把这家公司10年的"高光时刻"压缩进了这10个数字中。

在培训现场时，我对新员工说："这10个数字就是你们可以随身携带的宣传册，而且比宣传册好用得多。当你们向客户介绍公司的时候，只需要用一分钟时间讲解一下这组编码，对方很快就能了解你们公司的实力。"

我用"超级信号记忆法"来讲解一下这个案例。

第一步，解码。我对这10个数字重新进行排序，将其调整为101222371.2。

第二步，编码。我对这串数字进行了如下编码：

101222371.2=10，12，22，37，1.2

"10"代表的是公司成立 10 周年；"12"代表的是公司在所处行业中的排名；22 代表的是全国 22 家双牌照支付公司之一；37 代表的是在其全国拥有 37 家分公司；1.2 代表的是 2019 年的交易额约为 1.2 万亿元。

第三步，存储。你只要在脑海里输入 10（10 年）、12（前 12）、22（22 家之一）、37（37 家分公司）、1.2（1.2 万亿）这组编码，瞬间就能记住这家公司的基本情况（见图 17）。

10 12 22 37 1.2

| 成立10周年 | 交易规模
全国排名前12 | 全国22家双牌照
支付机构之一 | 全国37家分公司 | 交易额1.2万亿 |

图 17　"10，12，22，37，1.2"编码

资料来源：作者绘制。

如果你是这家公司的员工或客户，你很快就能熟悉这家公司的概况，而且能牢牢记住。

目前，现代支付公司在很多宣传物料（官方网站、宣传海报、企业文化月刊等）上都开始使用这组超级信号编码，在降低顾客选择成本的同时，也获得了收益，积累了品牌资产。

大家可以做个思想实验，如果现代支付在其官网或者海报上去掉这组超级信号编码，其广告的信号能量是不是瞬间就会减弱 99%。

一个超级信号能顶 1000 个金牌销售员，它会全天候、常年无休地帮你宣传、帮你卖货，而且不收一分钱。

大家留意一下就会发现，很多企业也在采用类似的宣传策略，以求将潜在消费者的认知成本、选择成本降到最低。

2020年年初，程维提出滴滴集团未来三年的增长战略为"0188"，即"零重大安全事故，三年内实现每天服务超过1亿单，国内全出行渗透率超过8%，全球月活跃用户超过8亿"。

这种策略不仅涉及超级信号记忆法，还涉及数字修辞法，至于后者，我会在本书第二章进一步讲解。

如何用超级信号，让顾客立刻进入购物状态

超级信号的底层原理是神经科学，它可以对消费者的神经进行刺激，让消费者瞬间慢下来，立刻进入购物状态。

从神经科学角度看，我们发射的信号是能给受众带来"安全感"的信号，可以让受众瞬间进入认知放松的状态。

科学家研究表明，人类在收到信号的0.01秒钟里，大脑中的杏仁体会做出行为反射，判断其是"安全信号"还是"不安全信号"。如果是安全信号，消费者就会进入认知放松状态，放下防备，这时候很容易实现成交；如果是不安全信号，消费者的本能反应就是"逃离"或者"战斗"，在这种情况下，商家会错失一次成交机会。

要想实现成交，首先要让顾客慢下来，顾客只有慢下来，才能进入购物状态。这就需要我们的超级信号给受众的杏仁体带来瞬时的安全感，让他们放下防备。

细心的朋友可能会发现，有些商店的门特别沉，你需要花很大力气才能推开；有些商店门上装有个门铃，当你推门时，它会发出"叮当"的声音。"要花大力气才能推开的门"和"叮当声"都是商家精心设计的超级信号，目的是通过这个刺激物，瞬间引起你的条件反射，让你迅速慢下来，进入购物状态。

在推门的瞬间，消费者通常要花很大的力气；在听到铃铛声时，消费者的杏仁体会瞬间进入本能的"冻结"状态，来判断这个声音是"安全信号"还是"不安全信号"。这两种情景，能够让消费者很好地完成从快到慢的状态切换。当消费者处于急匆匆的状态时，任何推销都是无效的，因此，很多购物场所都会设置一个购物缓冲地带，目的是让顾客慢下来，进入购物状态。这涉及很多"购物人类学"的相关知识。

明白这个原理后，我们在进行品牌营销、销售推广时，就有了明确的方向：想尽一切办法让顾客慢下来、进入认识放松状态。

我在为知名出版人刘杰辉的《连接力》一书撰写封面文案时，就是希望"要么独当一面，要么连接一切"这 12 个字能够让经过它的受众放慢脚步。当他们看到这 12 个字时，就会不自觉地对自己进行归类，在心中问自己："我是属于独当一面的专业型人才，还是善于连接一切的整合型人才？"当他们开始思考这个问题时，就已经进入购物状态了。这本书上市后，很快就取得了当当"新书热卖榜Top100"排名第 1 名的好成绩。

通常来讲，"五觉"是我们打造让顾客慢下来的五种超级信号的路径。要花大力气才能推开的门就是让顾客慢下来的触觉信号；叮当声就是让顾客慢下来的听觉信号；商场里扑鼻而来的面包香味就是让顾客慢下来的嗅觉信号；试吃就是让顾客慢下来的味觉信号；饭店门口的"现切""现蒸""现榨"的演示，就是让顾客慢下来的视觉信号。

具体到实操中，我们更多是通过视觉信号（符号学）和听觉信号（修辞学）让顾客慢下来，然后迅速进入购物状态。

为什么很多国际知名品牌都选择图形标志

想必大家都有过这样的经历，当我们遇到多年未见的朋友时，明明看着对方眼熟，但就是叫不上名字来。这是因为人的相貌属于形象信息，受右脑控制，人的名字属于语言符号，受左脑控制。

根据科学家的研究，相较于抽象信息，人类大脑更擅长记忆形象信息。

当我们用左脑进行记忆时，无论如何努力，我们都只能记住有限的信息。当我们用右脑进行记忆时，只要充分发挥联想力，我们就能轻松记住大量信息。

超级视觉信号记忆法（符号记忆法）又称右脑记忆法，它的特点是记忆门槛低，很多时候都是通过潜意识而不是意识进行记忆的。

有一次，我和三岁的女儿穿过商场去往停车场时，她突然拉住我的手说："爸爸，爸爸，这个店和你的水杯好像。"我回头一看才发现，女儿说的是星巴克，因为我喝水用的杯子正是带星巴克人鱼图案的杯子。不知道从什么时候开始，女儿的潜意识已经记住了星巴克的标志。这就是符号和图形标志的优势，记忆成本非常低，三岁小孩都能记住。

星巴克的绿色人鱼标志就是符号信息，"STARBUCKS COFFEE"这一名称就是抽象信息，它调用的是我们的第二信号系统。英文不好的成年人很难记住这个信息。大家不妨做个测试，看看自己或者身边的朋友有几个人能够拼写出星巴克的英文全称。能完全拼对的人应该不多。

对此我也做过多次测试。我将"STARBUCKS COFFEE"写在纸上，随机问身边 10 个朋友"这是哪个品牌"，结果 9 个人都没有认出来。可见，对大部分中国人来说，如果去掉星巴克的人鱼标志，"STARBUCKS COFFEE"就像刚出现的新品牌，认识的人很少（见图 18）。

STARBUCKS COFFEE

图 18　星巴克咖啡的英文名

资料来源：作者绘制。

用右脑将信息图形化之后再进行记忆的方法，我称为超级视觉信号记忆法（符号记忆法）。我们在创建品牌形象时（比如 logo、包装、吉祥物等），要很好地运用符号记忆法，将抽象信息图像化、符号化。

苹果的标志，就是将抽象的"Apple"通过"咬了一口的苹果"进行了符号化；麦当劳的标志，就是将抽象的"McDonald's"通过 M 形标志进行了符号化；我为现代支付设计的超级符号"8"，遵循的就是符号化记忆原理；Nike 的对勾符号，也源于这种逻辑。

信号能量记忆法

信号要强

一切传播行为都是信号的编码与解码，一切购买行为都是信号的刺激与反射。

卖方将选择理由编码成一个超级信号，通过媒介发射给买方，买方接收到信号刺激后，瞬间对其进行解码，然后做出行为反射。信号能量越强，引起的行为反射越强。这种行为反射，不仅包括"立即购买"，还包括"替我传""替我卖"。

"信号要强"主要是指以下三方面。

第一，为信号注入强大的信息能量。

这种"强大"不是盲目的强大，不是自我陶醉式的强大，而是该放大的放大，该去掉的去掉。

如何通过信号能量,把广告效果提升 100 倍?

在我的超级信号方法中,有一个非常关键的招式是"信号能量放大术":放大选择理由、放大产品卖点、放大品牌标志、放大字号,等等。

这样做只有一个目的,就是从品牌战略顶层设计层面,根据品牌资产复利原理对信息进行排序,然后把该放大的信息放到最大。这样信号能量才最强,才能最有效地引发消费者的刺激反射行为。

如果你还是不明白这个道理,那么我们来看一下苹果iPhone12 发布会现场的照片。

有人会说库克身后那个巨大的"5G"没格调吗?当然不会(见图 19)。

图 19 iPhone12 发布会现场照片

资料来源:作者拍摄。

我们再来看看iPhone12的卖点图是如何放大选择理由的。

在这个广告设计中，处于核心位置的当然是产品，第二醒目的是"5G"这个核心选择理由，其次才是颜色、4K、XDR、摄像头等。大到全球的广告海报，小到一张街头单页，我们都需要用品牌资产原理和核心选择理由从品牌战略的高度进行排序。

我们再来看看麦当劳是如何将信号能量放大100倍以上，让方圆三公里内的人都能看到的。

当你正在犹豫吃什么的时候，如果眼前突然冒出麦当劳的大logo，你瞬间就会被其吸引。

你是想让广告牌被100个人看见，还是被1个人看见？这是有差别的。

一旦掌握了信号放大术，在同等的预算条件下，你的广告效果将提升100倍不止。所以说，品牌战略是"一把手工程"。如果一把手不懂得品牌营销，一大半广告费就会打水漂。

如何实现1大于100的传播效果？

超级信号是信息的超级压缩包，是引爆潜意识的炸药包。

我们的企业或个人品牌的超级信号，直接引爆的是人们大脑中的"语义网络"。通过语义网络，它可以连接更多的内隐记忆模块，从而达到"1大于100"甚至是"1大于1000"的效果（见图20）。

一切传播战略，都基于信号的损耗和放大

超级信号研究的是如何实现1大于100的传播效果

1 → 0.01	1 → 100
信号损耗	信号放大
发信方　收信方	发信方　收信方
其它信号	超级信号

图 20　如何实现 1 大于 100 的传播效果

资料来源：作者绘制。

语义网络指的是存在于人们脑海中的一组组联想网络。当我们激发或启动某一部分的网络时，激发效应就会向外扩散至整个网络。这时，与之相关联的概念就会优先出现在脑海里。

苹果公司的名字或者"被咬了一口的苹果"logo，会自动激活人们大脑中关于乔布斯、创新、颠覆、高科技、iPhone、iPad、苹果砸在牛顿头上从而激发其"万有引力"理论的灵感、亚当和夏娃偷吃"禁果"、人工智能之父图灵因吃含有氯化钠的苹果而去世等关联神经元网络模块，瞬间为苹果这个品牌注入超级能量，引爆消费者潜意识中的巨大能量（见图 21）。

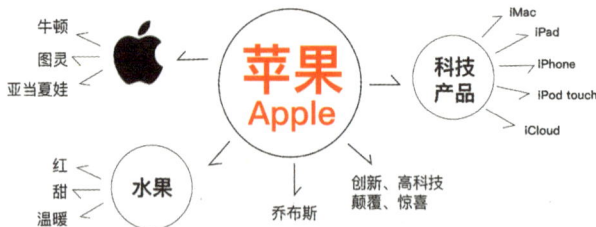

图 21　"苹果"概念的语义网络

资料来源：作者绘制。

品牌是人们大脑中大型的相关联想网络的一部分，激活和建立这种基于潜意识的神经连接，就是超级信号的任务。

超级信号爆发出的威力远远超出了信号本身的威力，它引爆的是集体潜意识，激活的是消费者头脑中的原力，也就是人类与生俱来的的能量，这种能量代代相传，积累了上亿年，会产生"1大于100"的超级效果。

比如，我为百度地图创作的品牌形象微电影中"别让爱你的人等太久"这句话，就蕴含了巨大的信息能量。它没有直接告诉你"通过使用百度地图，你可以避开拥堵，早点抵达目的地"，而是采用爱的编码，站在对方（爱你的人）的角度来说的。

爱你的人，可以是你的家人、父母、爱人、孩子、兄弟姐妹等，也可以是你的热恋对象、朋友、同事、老师、客户等（见图22）。

图22 "百度地图——别让爱你的人等太久"语义网络
资料来源：作者绘制。

这句话激活的是人们头脑中"爱你的人"的集体潜意识。当久别重逢的恋人即将见面时，当在外打工一年的父母马上要见到自己留守老家的孩子时，他们恨不得长出一双翅膀立即飞过去，因为这一刻，他们让爱他们的人等得太久了。

这部微电影讲的是人间大爱，是母亲和儿子之间的爱：母亲为了看看丽江的美景，已经等待了40多年。这部微电影一经上线，就被杨幂、刘恺威等明星转发，引发了网络热议，自传播播放量近亿次。

第二，为品牌注入强大的情感能量。

让人们第一次看见、听见你的品牌时，就和它建立情感连接。

在上文提到的百度地图品牌形象微电影中，我通过"别让爱你的人等太久"这句话为百度地图 App 注入了强大的情感能量。这也是这个视频被杨幂、刘恺威、于丹等众多名人转发，自传播播放量近 1 亿次，成为当年百度集团大市场部标杆案例，并为百度在品牌营销行业拿遍全球顶级华文创意奖项的主要原因。关于这个案例的详细内容，我会在本书第三篇进行深度讲解。

接下来，我们看看德芙（Dove）是如何为它的品牌注入强大情感能量的。

我在前面讲到，一切传播都是信号的编码与解码。如果"Dove"这几个字母摆在你面前，你会怎么解码它，让人们快速爱上它？

关于这个品牌，还有一个故事，那是开始于 1919 年春天的一个爱情故事。

　　故事的主人公是一个厨子和一位公主。厨子因为受伤而与公主巧遇，之后，他为美丽的公主制作了覆盖热巧克力的冰激凌。公主很喜欢这款冰激凌，两个人也因此互生情愫，但都没有表露心迹。后来，公主在王室的要求下，将与他国的王子结婚，在离开之前，她准备与厨子做最后的告别。

　　厨子又为公主制作了覆盖热巧克力的冰激凌，并在巧克力上刻下了"Do you love me"的缩写"Dove"来表达爱意。结果，写满爱意的热巧克力被送到公主面前时早已融化。厨子失去了这最后的表白机会，两个人只能各奔东西。各位看到这里，是不是特别为厨子感到惋惜，这么有创意的表白，却败在了传播上。

　　为了制作固态的、不会融化的巧克力，厨子经过多年苦心研制，终于制作出了香醇可口的固态巧克力，取名为德芙，并在每一颗巧克力上都刻上这四个字母。德芙公司借此推出了这样的理念，只要人们向情人送出德芙巧克力，就意味着向对方轻声询问："Do you love me？"

　　"Do you love me"是对德芙这个名字最有爱意的解码，德芙也是对爱最好的编码（见图 23）。

Do you love me

图 23　"Do you love me"
资料来源：作者绘制。

德芙用爱的编码征服了心中存有爱意的人，并用爱的理念使人们产生了爱的共鸣，这是它最宝贵的品牌资产。

在德芙的故事中，隐藏着关于传播的全部密码：记住我、选择我、替我传。

记住我的产品叫德芙；记住厨子和公主感人的品牌爱情故事；记住"Dove"就是"Do you love me"的缩写；选择我的产品德芙巧克力，选择的理由是"爱不会融化，德芙也不会融化"，只融在口，不融在手；替我传我的品牌德芙，替我传我的品牌故事"厨子和公主"，替我传我的产品卖点"只融在口，不融在手"，替我传"Dove"就是"Do you love me"缩写的故事。

第三，传播信号的资源要足够强。

要有压倒性的运营投入和媒体投放，要"把水烧开"。《孙子兵法》的精髓就是压倒性的投入。它不是以少胜多之法，而是以多胜少之法；不是以弱胜强之法，而是以强胜弱之法；不是战胜之法，而是先胜之法。只有这样的胜利，才毫无悬念。

投入一亿、两亿元不是浪费，半途而废才最浪费。

我们假设，在开拓新市场的时候，你投入了1亿元做广告，但市场反应不够热烈，于是你放弃了。这样一来，你前面的投资就都浪费了。如果你再投入1亿元，局面可能会就此打开了，那么这2亿元投入就很值。在营销中，最可惜的是半途而废。就像烧水一样，每次都只烧到80度就放弃，结果永远也烧不开，还浪费燃料。要想彻底打开市场，就要进行饱和攻击，力度不能减弱。

从认知神经科学角度来看，在营销中，刺激具有重要的感觉性质。消费者在选择商品时，主要依靠视觉和听觉，甚至是"感觉"。并不是所有的感觉都能成功地被知觉加工。许多不同的刺激在吸引消费者的注意力，但绝大部分刺激都会被不自觉地过滤掉。人们的感觉阈限各不相同，所以广告的刺激信号必须足够强，才能被消费者注意到。

媒介即信号。在产品品质基本相同的情况下，企业之间比拼的就是信号的强度：谁的声音大，谁的覆盖面广，消费者就属于谁。正如可口可乐之父阿萨所说："我不知道还有什么东西可以用来做广告。"

关于信号强度的问题，我们看看可口可乐是怎么做的。

马克·彭德格拉斯特在他所著的《可口可乐传：一部浩荡的品牌发展史诗》一书中这样写道：到1912年，可口可乐的广告费已经达到100多万美元。不管美国人往哪里看，都不可避免地会看见可口可乐的商标。1913年一年间，可口可乐使用了1亿多件宣传品做广告，包括体温计、纸板剪贴画、金属广告牌（各5万份）、日式扇子和日历（各100万份）、冷饮柜托盘（200万只）、纸板火柴盒（1000万盒）、记事本（200万本）、棒球卡（2500万张），还有数不清的纸板和金属标识。仅在这一年分发出去的新奇广告品，就能够满足从1650年以来生活在美国的所有男女老少的需求。

可口可乐已经渗透到美国人日常生活的方方面面。马被命名为可口可乐，黄石国家公园的熊也喝可口可乐。到 1914 年，可口可乐公司已经拥有了 500 多万平方英尺的广告墙面，这足以给某位不幸的消费者带来噩梦。正如 1906 年一位销售人员所说："可口可乐广告牌几乎要把人逼疯了。"这个可怜的人会"在半夜惊醒，因为梦见红色壁炉上一个白色的大魔鬼在身后不停地追赶，口中还尖叫着'可口可乐'，直到他找个地方喝下一杯，或者有冠冕堂皇的借口逃开，否则他就会神志不清"。

看完可口可乐关于信号强度的做法，我被震撼到了，要知道，那可是在 100 年前。到今天为止，中国广告行业的发展也只有 40 年。

营销行业从业者不要张口闭口就是"可口可乐现在不也是这么做的吗"，我认为，你更应该看看 100 年前的可口可乐是怎么做品牌营销的，看看可口可乐之父阿萨·坎德勒当年是如何把实验室中一个偶然出现的新产品销售到全世界的。

中国当下很多企业不也正处在这样一个阶段吗？虽然时空环境不一样，但一个新品牌在获得市场、赢得消费者过程中所面临的挑战基本上大同小异。这也是本书中会出现多个可口可乐早期的品牌营销案例的原因。这部分内容对我们今天的中小企业的品牌营销，才更具有借鉴和启发意义。

国外的那些超级品牌，像可口可乐、麦当劳、星巴克、耐克等，都历史悠久，经过了长期的发展。如果你想向它们学习的话，我建议你学习它们的早期案例，也就是创业初期的案例，而不是今天的案例。

据媒体报道，时至今日，可口可乐每年的市场营销费用高达 40 亿多亿美元。在我看来，通过压倒性的广告投入和让消费者建立稳固持久的巴甫洛夫条件刺激反射，正是可口可乐坚持了 100 多年的核心营销策略。当然，查理·芒格在他的"关于现实思维的现实思考？"演讲中，也流露出同样的观点。

信号要贵

为什么说信号越贵越好？

信号一定要贵，否则信号是无效的。贵本身就是信号。"信号要贵"主要是指两方面：一个是信号的发射媒介要贵，一个是商品的价格要贵。

媒介即信号，价格即信号。

例如，很多企业不惜重金在中央电视台黄金时间投放广告，不仅是为了达到宣传目的，也是为了显示自己的实力，同那些没有实力的厂家区分开。通过"贵"来发射信号的做法，遍布商业活动的每个角落。

比如，波司登在一段时间内为了抢占市场，将价格从 799 元和 899 元降到 499 元和 599 元来跟优衣库竞争，结果量价双杀，利润不断下滑。当 2018 年波司登把价格调高到 1599 元时，当年"双11"的销售额就高达7.4亿元，涨幅为100%；"双12"的销售额为5.1亿元，涨幅为279%；股价从44亿港币涨到144亿港币。

信号越贵，品牌就越容易获得信任。

从经济学角度看，广告是企业为了解决信息不对称问题给顾客发送的信号，因此，信号必须足够贵。如果信号不够贵，则信号无效。也就是说，企业在营销过程中，付出的沉没成本越高，信号的价值越大，就越容易获得消费者的信任。

一般商家都在精打细算，极力避免付出不必要的沉没成本。但高明的商家却故意付出一些看似不必要的沉没成本，而最终这些高昂的沉没成本都会由消费者埋单。

比如，一些金融公司为了获得信任，往往会把总部放在繁华的CBD。在大多数情况下，他们不采用租的方式，而是自己购买或者自建。这能很好地让人相信，他们是长期主义者，打算在这里扎根，经营50年甚至100年，而不会赚一把就走人。仔细观察你就会发现，在这些大的金融公司的官网、宣传册、广告中，经常会出现他们总部的大楼。其目的就是，通过沉没成本向潜在顾客发出信号，以便获得信任。

在广告投放过程中，要首选贵的媒体；在选择代言人时，也要首选贵的。

创意再大，也大不过广告位，媒介越贵，发射出的信号就越强；选择代言人，也要选贵的一线明星；同样，参加展会等也要参加费用高的。

比如雍禾植发携手腾讯 NBA（美国职业篮球联赛），通过赞助"顶级"篮球赛事 NBA，进而在观众脑海中建立起植发行业"顶级"品牌的认知。正是因为 NBA 足够顶级、赞助门槛足够高、费用足够贵，雍禾植发的品牌认知才能达到这样的"顶级"联想效果。

再加之雍禾数十年如一日专注于植发行业（据悉目前已成为该行业营收和规模最大的品牌），正如其广告语"专业植发找雍禾，雍禾植发"，而 NBA 毫无疑问是篮球行业里最专业的赛事，两者在专业度上也能进行很好的匹配和品牌嫁接。就像球迷调侃的那样："专业球赛看 NBA，专业植发找雍禾"。NBA 这三个字不仅是超级 IP 流量，也成为雍禾植发"传播媒介和广告"的一部分，也就是前面所说的媒介即信号、媒介即广告（见图 24）。

图 24　雍禾植发在其赞助的体育节目中的广告
资料来源：作者制作。

从一定程度上来说，品牌是用钱堆出来的。

怎样把钱用好，把支出变成投资，把花的每一分钱都能形成品牌资产，实现花一次钱、吃一辈子"利息"，这是个技术活，不是每个企业家都有这种眼界和能力。比如茅台，一个巴拿马展会金奖就形成了其超越百年的超级品牌资产。这就是"花一次钱，吃一辈子利息"的经典案例。至于如何把支出变成投资，如何进行品牌资产建设，我在后面的章节中会讲到。

贵的背后，是优胜劣汰、适者生存。

价格是最好的信号。价格越贵，代表产品质量越好。

通常情况下，虽然贵的东西不一定是最好的，但好东西肯定是贵的。

通过"贵"这一信号，商家有效地降低了消费者的选择成本。

当消费者不知道该如何选择的时候，贵就是信号。贵能帮消费者把选择成本降到最低，从而快速做出选择。消费者看见贵到可以接受的价格时，心中的想法一定是：一分价钱一分货，贵有贵的道理。

有一次，我去楼下超市买生抽，当不知道该怎么选择时，我就拿了货架上价格最贵的那种。

这背后的"道理"是什么呢？消费者往往用看似理性的分析，来为他的感性选择提供决策依据，以便得出自己是理性购买者的结论。根据专家的研究，人们的购买行为85%都是由潜意识决定的，而剩下的15%的理性，往往是用来论证感性决定的正确性的。

当你走在卖场货架间，看到同类商品中最贵的那种品牌仍在热销时，你会明白，这种"贵"是有道理的，并不是企业的一厢情愿。这种"贵"，是物竞天择的结果，是消费者对品牌价值的认可，是物有所值的"贵"。

信号要简单

爱因斯坦说："凡事都应当尽可能地简单,而不是较为简单。"

我所说的"简单"，主要包含两层意思：一个是字数要尽可能地少，另一个是理解的门槛要足够低。

字数要少，最好少到 7 ± 2。

消费者都是健忘的，普通消费者很难记住 10 个字以上的广告语。为此，科学家和心理学家曾做过大量的研究，其中最著名的当属米勒。

1956 年，身兼美国心理学学会会长和哈佛大学心理学系主任的乔治·米勒（George Miller）通过实验得出了"神奇的数字：7 ± 2 的秘密"这一公式，他认为人的短时记忆广度大约为 7 个单位（阿拉伯数字、字母、单词或其他单位），即一个组块。这也就是我们的手机开机密码、邮编、电话号码、银行卡密码、短信验证码等为什么都是 7 位数左右的原因，如果数字太多，我们就很难记住。

在广告语中，"7 ± 2 记忆法则"照样适用。像"怕上火，喝王老吉""累了困了、喝红牛""专业植发找雍禾"等，大多为 7 个字左右。只有足够简单，消费者才能记住你、选择你、替你传。

门槛要低，低到不用动脑子。

只有这样，消费者才能记得住、传得开。像"人头马一开，好事自然来""百度一下，你就知道""经常用脑，多喝六个核桃"，这些广告语都非常好，它们既是广告语，也是选择理由，更巧的是，它们还把品牌名放了进去，可谓一举三得。

我们在进行品牌命名、广告创作时，要遵循这个基本原理：就低不就高，越通俗越好，越口语越好。因为我们做的是大众传播，所以必须从集体潜意识出发，从传播成本出发。

有的企业老板就是喜欢所谓"高级"的东西，那就随他们去吧。越是高级的东西，理解的门槛就越高，能记住的人就越少，能带动的购买量就越小，也就注定只能成为小众品牌。

信号损耗要小

信号损耗要尽可能小。我们所有的传播策略，都要基于信息的损耗来设计，大到在全国范围内的广告轰炸，小到地推时用的宣传单页。

"信号损耗要小"指的是，在信息传播过程中，要将损耗减到最小。比如，我们发送的信息是"100"，消费者接收的信息可能只有"10"，甚至是"1"。为什么会这样呢？主要原因有两个。

第一，传播内容的设计有问题。门槛太高，消费者理解不了。

有个朋友问我："王老师，我每天上下班过马路等红绿灯的时候，都会看见 ×× 金融在某十字路口的大 LED 屏上投放的广告（见图 25），我看了快一个月了，愣是没看明白这个广告是什么意思。"

图 25　大屏幕上的某个金融 App 广告

资料来源：作者拍摄。

这家公司估计还会为自己"有格调"的广告沾沾自喜："你看我这广告多高端，没有一定的知识量，你根本看不懂。"这就是典型的自嗨型广告投放，陷在自己的思维盲区里不能自拔。

我们在创作广告的过程中，一定要"就低不就高"，理解门槛越低越好。

在全球的任何一个角落，只要远远地看见某个建筑物上有十字架，你就知道那是一座教堂。在世界上任何一个角落，只要麦当劳的 M 形标志一出现，就会瞬间被人们识别。"阿里巴巴"这个名字的发音，在全球范围内都一样。这样一来，其信息损耗就非常低。

第二，消费者看到的都是信息碎片。

当消费者看到的都是信息碎片时，信息的损耗最大。以分众传媒投放的那些 30 秒电梯间广告为例，很多人在等电梯的时候，可能连 5 秒钟都看不了，连广告属于哪个品牌都还没了解就匆匆离开了。再比如，很多人看网络视频时，只要广告一出来，就会点击"关闭"或者暂时离开。解决这个问题的方法，就是我前面提到的"品牌超级碎片"。

重复刺激记忆法

重复刺激有奇效

"感觉雍禾植发很专业，但到底哪里专业，我也说不上来。"在针对雍禾植发的"发友"（消费者）的调研中，我多次听到类似的说法。

我很纳闷：消费者对雍禾植发的"专业"的认知，是怎么建立起来的？

诚如莎士比亚所说，"一千个人的眼中有一千个哈姆雷特"。如果对一千个发友进行访谈，那么他们对雍禾植发的"专业"认知也有一千种。

从品牌营销的角度来看，我觉得"专业"二字的建立，或许和雍禾植发每年投放的大量广告密不可分。

如果你生活在一线城市，那么你对印有"专业植发 找雍禾，雍禾植发"的公交车车身广告不会陌生。据悉，仅在沈阳一个城市，雍禾植发每年会在近1000辆公交车车身上投放广告。这些穿梭于城市大街小巷的公交车，365天不间断地在向路人表明，"专业植发 找雍禾"。

除此之外，雍禾植发还在高铁、地铁、楼宇等的媒体上进行了大规模的广告投放，广告语无一例外都是"专业植发 找雍禾"这七个字（见图26）。

图26 雍禾植发在交通工具及公共空间中的广告
资料来源：作者拍摄。

这就是"曝光效应"所爆发的惊人魔力。雍禾植发在铺天盖地的"专业植发 找雍禾"这一广告语的饱和攻击下，能很容易地将"专业"的信息植入受众大脑的潜意识中。最终的结果就是，一提起雍禾植发，人们大脑中首先浮现的就是"专业"

二字。当然，这背后的策略就是：重复！

只有不断地重复刺激消费者，品牌才能和消费者建立持续的条件反射。而那些能够屹立百年而不倒的知名品牌，都是通过持续刺激消费者而最终成为时间的朋友和人类的朋友的。就像可口可乐，提起红色，人们首先想到的就是可口可乐，这一条件反射的形成，得益于可口可乐每年投入的数百亿元人民币营销费用所创造的重复刺激。

通过数十年如一日地用"今年过节不收礼，收礼只收脑白金"这句广告语对受众进行重复刺激，脑白金成了行业第一品牌；通过几十年的宣传，获得巴拿马金奖这项荣誉成了茅台的重要品牌资产；花了几十亿元的营销费用，加多宝集团使得"怕上火，喝王老吉"深入人心，成为凉茶界的老大；通过数年不断重复"专业植发 找雍禾"这一广告语，雍禾植发成长为植发行业规模最大的第一品牌。

是否采用"重复"手段和企业所处的阶段、营销费用的多寡没有直接关系，而和企业一把手是否具有高屋建瓴的营销思维直接相关。

乔布斯就是营销高手，数十年来，他每次出现在镜头前、聚光灯下，都是穿一件黑色套头衫和一条牛仔裤，这样做的目的是通过重复降低受众的认知成本。在中国有两家企业学到了乔布斯营销手段的精髓：一个是江湖人称"雷布斯"的雷军创办的小米，另一个是在全球拥有4800多家专卖店的床垫品牌慕思。

"雷布斯"是如何炼成的

2011 年，改变世界的英雄乔布斯离开了人世，成为大众讨论的热点话题。一方面，人们认为，乔布斯的离开将使苹果会失去灵魂；另一方面，人们关心，中国科技企业中一些有抱负的企业家，谁会成为乔布斯精神的"继承人"。

在 2011 年 8 月 16 日小米手机的发布会上，雷军身穿黑色 T 恤和蓝色牛仔裤的激情演讲让其一战成名。发布会后，雷军毫无意外地获得了"雷布斯"的称号，对此称号，雷军也几乎默认了。雷军当时那身装扮，在他后来的一系列发布会上成为惯例。

雷军通过全方位、立体化的宣传，强化了"中国版的乔布斯"这一战略定位，为刚刚诞生的小米手机赢得了巨大的关注量。

在视觉方面，雷军通过一张张和乔布斯造型相像的照片，不断强化"雷布斯"这一个人品牌定位；在发布会上，无论是着装、言语、发布会的设置，还是雷军演讲的动作，都在极力"乔布斯化"；在产品上，建立小米手机是"中国最富苹果气质的手机"的产品定位；在媒体宣传上，如果你搜索"雷军乔布斯"，会看到多家媒体对二人的对比解读，这些都在强化雷军是中国版乔布斯这一品牌形象。

通过这一系列组合拳，"雷布斯"这个定位成功地建立起来了，以至于雷军在开发布会的时候，场下的粉丝都会高呼"雷布斯"。对当时刚上市的小米公司来说，这无疑节省了巨大的广告宣传费用。

在众多竞品中，如何让人们首先想起你

慕思比小米高明的地方是，它通过擦边球的方式将"乔布斯"运营成企业的核心品牌资产。经常去机场的朋友可能会对一个身穿白衬衣、手拿烟斗、和乔布斯很像的老爷爷的照片比较熟悉。你可能一下子想不起来这家企业品牌的名字，但你对这张照片一定有印象。它数十年如一日地立在哪里，只要你经常去机场，想记不住都难。

在中国这么多的床垫企业中，慕思是做得"最成功"的品牌。它的成功，主要缘于它对"乔布斯"这张照片的持续重复。

如何把广告变成潮流文化地标

在"重复"方面做得最好的当属格力高这个品牌。从1935年开始，它的广告牌就一直立在那里，广告中一个帅气的运动员张开双臂，向着美好生活尽情奔去。这一广告重复了80多年，成了大阪的地标、打卡圣地，成了超级跑男 IP。

在 2003 年，该广告牌被认定为"大阪市指定景观形成物"，成为大阪的著名景点，可以说是城市的代名词。大家想想，历经 80 多年的风吹雨打，该企业的一把手已经换过好几轮了，但该企业对品牌重复这一精髓的理解和坚持一直未曾改变。这一点值得我们学习。

03

"记住我"的
生理学原理与误区

"记住我"背后的生理学原理

为什么会有一见钟情的现象？这涉及一个非常重要的生理学原理。

我们先来做个小测试，在图27中，你看到了什么？

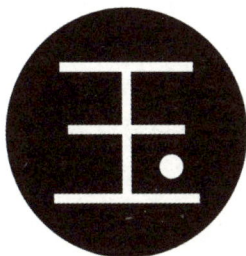

图27 "隐形的国王"测试

资料来源：作者绘制。

我还不认字的女儿说："爸爸，我看到一个黑圈和白圈。"

我六岁的儿子说："爸爸，我看到一个黑圈和一个'玉'字"。

我提示儿子："发挥你的想象力，看还有没有别的字。"

儿子看了一会儿又说："有个'王'字。"

我向两个孩子解释道："你们看是不是还有个'国'字。"

儿子哈哈大笑着说："爸爸，那我一共看见了三个字：玉、王、国。"

这就是"隐形的国王"的故事。

那么问题来了,"国王"这两个字真的存在吗?

如果真存在的话,为什么有的人能看见,有的人却看不见?这个问题其实关乎人们的眼睛是如何"看见"的这一问题。

这也是困扰人类几千年的问题,直到人类生物学史上最成功的黄金搭档大卫·休伯和图斯坦·威瑟的出现:他们无意间用电极在猫的大脑中找到了答案,而这一看似简单却具有划时代意义的研究成果,为他们赢得了1981年的诺贝尔生理学或医学奖。

他们的研究成果可以总结为一句话:看见是大脑解释的过程。

脑细胞并不像视网膜细胞那样会对某个特定点的光信号而兴奋,它们的工作方式是:在同时接收到一组视网膜细胞传来的光信号后,对这些信息进行处理和整合,然后将它们"理解"成一个有意义的图案。

在"隐形的国王"这个图像中,大脑会根据它已经了解的信息,对我们看到的图像做出解释。于是,我们会认为有"国"字、"王"字和"玉"字的存在。

但是,我三岁的女儿根本不认识这三个字,所以,这三个字对她来说相当于不存在(因为现阶段她的大脑无法自主解释)。

所以说，"看见"是一个大脑解释的过程。而"记住"和"看见"的生理学原理，非常类似。

同理，我们之所以会对某些品牌、某些人有一见如故的感情，其原理和我们今天的人脸识别技术一样，背后都是算法。不过人类用的是人脑算法，计算机用的是机器算法。无论哪种算法，都只是对"脑海"中已经存在的信息编码的激活和解码。

最高效的记忆方式，就是把新事物关联到人们已经记住的事物上，也就是将品牌信号和消费者大脑中已经存在的超级信号原型进行关联。我们在设置自己的手机密码、银行卡交易密码、电脑登录密码、邮箱密码等一些常用密码时，都是将密码设置成自己本来已经记住的东西，而不是另外创建一个全新的秘密。

我们之所以对某些品牌、某些人一见如故，是因为在我们的大脑深处，我们对这些品牌、这些人的数据库早已存在，只是在你看见、听见的那一瞬间被解码和理解了。

要格调，还是要效果

前文我们提到，信号能量一定要强。但让人惋惜的是，很多企业在品牌营销中都在犯如此低级的错误。

2020 年的一天，我在开车等红绿灯的时候，看到一个公交站点的广告。我问坐在车里的朋友："你能一眼看出这是哪个企业的广告吗？"朋友说："应该是公交公司的公交卡广告。"我说："你再仔细看一下。"过了几秒钟，他说："这应该是×××的广告"。原来，在那个广告的最下面，有一个小小的品牌 logo。

我说："这就是为什么我平时总告诫你们，logo 一定要放大再放大。"

如果我们不是品牌营销行业的从业者，而且因为等红灯正好停在了这个广告旁边，恐怕很难留意到是哪家公司的广告。对大多数忙碌的人来说，这样的街边广告，必须在一瞬间给他们留下印象，至少应该让他们知道是哪个品牌的广告。眼前这个广告的费用，基本打水漂了。

这也是当下很多企业的认知误区，以为 logo 设计得很小巧、很精致才显得有格调。

对初创企业来说，这更是通病。

以我认识的一家初创企业为例。初创企业更应该勤俭节约，把每一分钱都掰成两半花。他们虽然努力拿下了一个很好的广告位，却只印了一个"dooot"（见图 28）。我想，应该很少有人知道这是一家卖运动用品的公司，这几个字母是什么意思。要知道，同样作为运动品牌，耐克是在经过 20 多年的消费者教育后，才把"NIKE"一词从那个对勾上拿掉的。

图28　某运动用品公司的广告

资料来源：作者拍摄。

常言道，你很难叫醒一个装睡的人。我们也很难说服一个没有信号思维却又不懂装懂的企业一把手。如果不信，你可以去看一下街边广告。只要稍加留心，你就会发现，80%以上的广告都值得重新做一遍。

超级信号放大术是要把信号能量放到最大，如品牌方发送的是"1"，消费者接收到的是"100"，这等于直接把广告效果放大了100倍。

但很多时候，一些品牌的做法却把信号能量缩小了，如品牌方发送的是"1"，消费者接受到的却只有"0.01"，等于直接把广告效果缩小了99%。

便于自己记忆，还是便于消费者记忆

我们的品牌信息是要方便消费者记忆，而不是方便企业老板自己记忆。

很多朋友一定有过这样的体验，有时候我们努力想记住一个东西，但就是记不住，我们越想记住，就越记不住。

我家小区前的马路对面有一家西北菜饭店，我在这家饭店吃过无数次饭，但怎么也记不住它的名字。可想而知，这家饭店的名字取得有多失败。

品牌知名度包括两个层面：一是认得，一是记得。这家饭店的名字仅实现了第一个层面。"认得"指的是，当品牌广告再次出现或消费者到卖场的时候能够认出来该品牌，这能有效降低选择成本。

有一次，我想在外卖点餐App上点他家的菜，但怎么也想不起这家店叫什么名字。只有当我在外卖点餐App上搜索"附近商家"时，这家店的名字才会冒出来，我才能识别并进行点餐。

"记得"，说明你的品牌已经进入了消费者的潜意识和意识，当消费者有需求的时候，就会想起你，主动发起购买行为。

很多企业老板到现在都没搞明白，品牌信息应该方便消费者记忆，而不仅仅是方便自己和员工记忆。

对企业管理者和员工来说，商品是一个个丰富的、立体的、有血有肉的存在，是熟悉得不能再熟悉的存在。但消费者只能通过你的广告去认识、记住品牌信息。

所以，我们在进行超级信号编码时，一定要从消费者视角出发，去挖掘那些具有广泛群众基础的超级信号原型，将我们的品牌或者广告语嫁接在它们上面。

但现实情况是，消费者往往只记住了一些品牌的广告语但没有记住品牌本身。

第二篇

选择我

04

人们为什么要
"选择我"

让消费者"记住我"只是第一步。他们可以记住很多品牌，但未必会"选择我"。"选择我"的什么？"选择我"的品牌、产品、服务等能给我带来收益的事情。消费者为什么一定要做能给我带来收益的事情？当然是因为我的品牌、产品和服务能够满足他们的需求，让他们感到难以拒绝。

如何给出别人无法拒绝的选择理由

2020 年 10 月 31 日，分众传媒董事长江南春在"中国企业家私人董事会年会"上说："要想让消费者选择你，你先要回答消费者心中的一个问题：选择你而不选择竞争对手的理由到底是什么。"

江南春所说的"选择理由"，就是我说的"超级选择理由"。

超级选择理由的背后是什么？我认为是品牌能够满足用户的需求。

怎样才能满足用户需求呢？品牌方要思考，用户在什么样的场景下会使用你的产品，用户最关心的问题是什么。

以达美乐比萨为例，大家觉得它是在为用户解决什么问题？

很多朋友会说：美味、食材让人放心、有品质、配送速度快等。

这些答案都有一定的道理。但达美乐的团队经过多次调研后发现，以上这些问题都不是用户关心的核心问题，用户关心的核心问题是确定性。

大家想一下，上班族中午点外卖的时候，最关心的问题是什么？准时！

比如，我想 12 点 10 分钟吃上饭，那么我并不关心商家需要 50 分钟还是 5 分钟才能送达，我唯一关心的是，商家能否准时送达。

如果配送需要 30 分钟，那么我们可以 11 点 40 分下单，如果配送需要 50 分钟，那么我们可以 11 点 20 分下单。就这么简单，我们要的是确定性。

在搞明白这个问题后，达美乐就找到了让用户选择它的"超级选择理由"："30分钟必达，超时送免费比萨券。"

结果，这句广告语投放市场后非常成功，直接带来了业绩的高速增长。

品牌营销的三个阶段

超级选择理由的背后，是一个环环相扣的系统工程，涉及战略定位、传播学、修辞学、符号学、语言学、生理学、心理学、经济学、认知神经科学等众多学科的知识。

看起来挺难的，但你只要吃透了本书就会发现，这些知识都是相通的，所有的事情都是一件事，所有的学问都是心理学。

也就是我说的：品牌是道，道在人心，道法自然。

这也是品牌营销的三个阶段：看山是山，看山不是山，看山还是山。

当你经历这三个阶段后，会对超级购买理由这个问题有更加系统而深入的认知。当你再看到类似"怕上火，喝王老吉""今年过节不收礼，收礼还收脑白金"这种似乎没有任何创意的广告语后，就能领悟其中蕴含的品牌战略营销智慧了。你也将明白，为什么那些似乎没有任何创意的广告，能够带来更高的销量，而那些看似很有创意的广告，却极其短命。

如何用一句话说动别人选择你

1983 年，苹果创始人乔布斯来到以营销见长的、时任百事可乐 CEO 的约翰·斯卡利的办公室，告诉他一句被后人传颂至今的话："你是愿意一辈子卖汽水，还是和我们一起改变世界？"

当年的乔布斯就是如此狂妄，如此具有雄心壮志，如此语出惊人。斯卡利后来回忆道："显然，谁能拒绝改变世界呢。"于是他加入了苹果公司，出任 CEO，开始和乔布斯并肩战斗。这就是通过给出别人无法拒绝的选择理由来完成"成交"的典型案例。

2001 年 iPod 问世的时候，它只用了"将 1000 首歌放在你的口袋里"这一句广告，就开创了一个时代，彻底重塑了人们对便携式播放器的认知。

2007 年，乔布斯在 MacWorld 大会上又抛出了金句："Apple has reinvented the mobile phone。"（苹果重新发明了手机。）

高手是用一句话就能创造一个时代的人。上面这三句话，彻底改变了乔布斯和苹果的命运，甚至改变了斯卡利的命运。

在根据真实事件改编的电影《大创业家》中，雷·克罗克为了得到他梦寐以求的麦当劳，递给麦当劳兄弟一张空白支票，让这哥儿俩任意写下一个数字。

正是因为麦当劳兄弟接受了这个无法拒绝的选择理由，麦当劳才迎来了高速发展期，时至今日，麦当劳在全球已经开了 3 万多家连锁店。

我们再来看看国内的案例。

在三聚氰胺事件中幸存下来的国产奶粉品牌飞鹤奶粉，通过"更适合中国宝宝体质"这句广告语，给了许多中国母亲无法拒绝的选择理由。

这句话的言外之意是，一方水土养一方人，和洋奶粉比起来，只有飞鹤奶粉最适合中国宝宝的体质。确定了这个无法拒绝的选择理由后，飞鹤奶粉集全公司之力，坐实了这句话，又在央视和分众传媒等平台上投放章子怡的代言广告，对消费者进行常年的饱和攻击。飞鹤奶粉的销量从此开始迅速飙升，一跃成为国产高端奶粉第一名，市值过百亿元。

大家想一想，你的产品的哪些价值，可以被提炼成一个消费者无法拒绝的选择理由，或者当你在向别人推销自己产品的时候，什么可以成为别人无法拒绝的选择理由。

如何让消费者对你的商品上瘾

如何让消费者对你的商品上瘾？答案很简单，就是在你的品牌和顾客之间建立稳定的条件刺激反射，而打造品牌超级信号就是方法之一。

创建超级品牌的方法就是，通过持续的信号刺激让消费者建立稳定的条件反射，使你的品牌成为消费者无法拒绝的选择。

以可口可乐为例。相较于百事可乐，可口可乐已经成为全球消费者无法拒绝的第一选择，以至于可口可乐推出"新可乐"后，并不被消费者所认可，又不得不变回之前的口味。可口可乐稳定的条件刺激反射，来自每年数百亿人民币的广告投入和营销刺激。

就像查理·芒格说的："本质上，我们要做的生意就是创造和维持条件反射。可口可乐的商标名称和商标形象将扮演刺激因素的角色，购买和喝下我们的饮料则是我们想要的反射。"

看到这里，你应该已经明白，为什么那些知名的国际品牌，还会数十年如一日地进行压倒性的广告投放。如宝洁等巨头，每年的营销费用都在千亿元人民币以上，其目的就是让人们建立稳定的条件刺激反射，持续成为人们购买时的首选，不管是有意识的购买行为还是潜意识的购买行为。

对这个话题感兴趣的朋友，可以读一下《巴甫洛夫关于两种信号系统的学说》这本书。我看了很多遍，每一遍都有新的收获。要搞明白品牌营销这件事，就要从底层逻辑进行深挖。一切品牌营销活动，都不要浮在表面或跟风，而要围绕最终目的展开。

品牌营销的最终目标是谁（什么）？有人说是顾客，不全对。

准确地说，是人类大脑中的神经元。神经元之间是通过电信号来传递信息的，而这些信息通常来自我们的"五觉"（视觉、听觉、嗅觉、味觉、触觉）对外界的条件刺激反射。所以，一切品牌营销的基础是信号和超级信号系统（视觉信号系统、听觉信号系统、嗅觉信号系统、味觉信号系统、触觉信号系统）。这本书正是从根本上来研究品牌营销和人的两套信号系统以及刺激反射（非条件刺激反射和经典条件刺激反射）之间的关系的，而且很多内容是以科学实验数据为基础的。

当我们把这些底层逻辑搞明白后，很多困扰营销的难题就会找到更优解。

如何用一句话引爆业绩快速增长

很多人可能会有疑问，仅凭一句话就能引爆业绩指数级增长吗？答案是肯定的。能否引爆增长的关键是你能否找到超级信号。

同样的橙子，当它被叫作"云冠橙"的时候，就销量惨淡、无人问津，当它改名为"褚橙"的时候，就一夜成名、红遍网络，短短 5 天时间，几十万吨的橙子就一销而空（这个案例，我们将在下文进行详细解读）。

一款名叫 Tickle 的软件在刚开始被推向市场的时候，广告语是"在线存储你的照片"。这款软件上线后，市场反应非常冷淡。创始人科里尔反复琢磨后，觉得这个刺激信号有问题，不能和用户建立起刺激反射。用户没有向身边人推荐这款软件的主要原因是，他们不认为一个在线图片存储库有什么值得推荐的。

于是，科里尔把广告语改成了"在线分享你的照片"，之后，神奇的化学反应发生了。在同样的传播资源下，一夜之间，人们开始疯狂上传和分享自己的照片，仅仅 6 个月时间，Tickle 就增加了 5300 万用户。

只是改动了一个词（将"存储"改为"分享"），新的广告语就彻底改变了用户的心智，改变了用户对产品功能及其使用方法的认知。这就是"替我传"所爆发出来的巨大威力。

这次不经意的成功，不仅让科里尔的团队感受到修辞学的巨大威力，更让整个团队信心倍增。它们想把这种修辞学用到更多的产品上，以驱动高速增长。

很快，这个团队就把修辞学用在了他们的"一块约会"App 上。这款 App 原来的广告语是"寻找约会对象"，广告投放一段时间后，并没有造成多大影响。

于是他们对广告语进行了头脑风暴。和上次不同的是，这次他们从产品的战略定位高度来思考广告语的创作，以求获得高速增长。在他们看来，这款 App 不仅能帮助用户找对象，还能成为用户利用自己的私域流量来为亲朋好友牵线搭桥的社交平台。

于是，他们把广告语改成了"帮助他人寻找约会对象"。结果，神奇的化学反应又发生了。新的广告语投放市场后，仅用了 8 个月时间，这款 App 就增加了 2900 万用户。

广告语是增长的起点。仅仅改动几个字，就能产生如此重大的影响。如果你对此还有怀疑，那么说明在以往的成功经验中，你肯定没有尝过四两拨千斤的甜头，肯定没有体验过修辞学的威力。

罗永浩当年推出的坚果手机，为什么会成为他在手机行业的巅峰之作？"漂亮得不像实力派"这句广告语功不可没。正是这句广告语成就了这款手机，而且成为继乔布斯的"苹果重新发明了手机"之后，流传最广的一句广告语。据说在接受高人指点之前，罗永浩的团队前前后后想了半年时间，开了无数场头脑风暴会议，也只想到"漂亮的实力派"一句。很多时候，能否引爆增长往往只在毫厘之间。"不像"这两个字就是这句话的引爆点，为这句广告语瞬间注入了巨大的信息能量，取得了"1 大于 100"的效果。

对于这一点，我深有体会。在为百度地图创作品牌形象微电影之初，我们为它取的名字是"在路上"，但我总觉得信号强度不够。在微电影临上线前，我毅然将其名字改成了"别让爱你的人等太久"，结果它很快就火了，并成为当年的现象级视频。这句话，后来还变成了一个大 IP，第二年，35 集的《别让爱你的人等太久》同名电视剧开播。

05
选择行为背后的
科学原理

经济学原理：难倒诺贝尔奖得主的选择题

人生的选择虽然很多，但关键的往往只有几个。所以人们经常说，选择比努力重要。

全球第一个获得诺贝尔经济学奖的心理学家丹尼尔·卡尼曼，一生都在研究选择问题。

根据他的研究成果写就的《思考，快与慢》一书，在过去的 10 年中，几乎以平均每个月加印 1 次的速度，长期霸占当当经管类图书排行榜。这本书，我反复看了几遍。图 29 就出现在卡尼曼的这本书中。

假设你在北京买了自己的房子，其中一间是 5 平方米的小书房。此刻，你正在打量这两张桌子：哪张放在书房更合适？

图 29　哪张桌子面积大

资料来源：作者绘制。

如果你把这张图发给朋友征求意见（见图 29），他们大部分人会选择左侧桌子：左侧桌子窄一些，还有剩余空间可以放小书柜和椅子；右侧桌子太方正，更适合放在餐厅，一家人围坐在一起吃饭。

事实真是这样吗？你不妨做个简单的测量。你会发现，1号桌子和 2 号桌子的长宽比一模一样，我们的眼睛经常会被这样的错觉欺骗。

这个测试的原型是集心理学家和艺术家为一身的罗杰·谢泼德在 1990 年绘制的，在过去的几十年间，这张图成功骗过了多人，其中不乏像 2017 年诺贝尔经济学奖得主理查德·泰勒这样的人物。据说泰勒是卡尼曼的学生。卡尼曼和泰勒研究的是同一个主题：非理性。

在这个测试中，如果你一眼就认定 1 号桌子比 2 号桌子窄，那么恭喜你，你是感性的"社会人"；如果你在下结论前，先进行严谨的逻辑思考，甚至亲自动手测量，然后给出两个桌子的长宽比一样的结论，那么恭喜你，你是理性的"经济人"。

消费者到底是感性的还是理性的

从传统经济学的角度来看，消费者都是理性的"经济人"。"经济人"在每次购物时，都想用最小的代价获得最大的利益，也就是说，"经济人"追求的是性价比。

从行为经济学的角度来看，消费者不是纯粹的"经济人"，而是兼具"社会人"属性。决定人们行为的不仅仅是性价比，还有许多心理因素。这种心理因素既包含理性，也包含非理性。

给大家举个例子：有两个电吹风机，一个是普通款的，价格是300元；一个是戴森牌的，价格是3000元。从实用性方面看，两个电吹风机不可能有10倍的差距，那么两者到底差在什么地方？我觉得，主要差在感性价值方面。

电吹风机的受众主要是年轻的女性，而女性用户往往在乎面子。在复杂的心理因素作用下，用户很多时候根本不会去考虑性价比。和她2万元的手提包相比，一个3000元的电吹风机，根本不算贵，顶多算个轻奢品。但如果哪天闺蜜来家里做客的时候，无意间发现了这款高档电吹风机并赞叹了几句，那么她会有强烈的自豪感和优越感。

在我看来，消费者既是理性的，也是感性的，就像"薛定谔的猫"一样，他们很多时候都处于感性和理性的叠加态。

即使是理性的消费者，营销高手也能通过广告把他们"感性化"。比如，对很多人来说，可口可乐和百事可乐唯一的不同就是广告的不同。消费者明明喝不出来两者的差别，但在广告的作用下，他们对两者的认知却有巨大差别。

上述结论，有脑科学的前沿研究成果可以证明。

神经科学的研究成果表明，情感因素会极大地影响人们的购买行为。这一结论，得益于功能性磁共振成像（fMRI）技术。

功能性磁共振成像技术和认知神经科学的出现，无疑将品牌营销学向前推进了一大步，让我们得以窥见消费者非理性一面的底层编码。我们通过瑞德·蒙塔古博士对经典的可乐实验的研究成果，看看在品牌的作用下，人们的感性是如何战胜理性的。

心理学原理：理性总会被感性打败

著名的"百事挑战"实验

1975年，作为可乐市场后起之秀的百事可乐发起了一个被称为"百事挑战"的超级实验，引起了巨大的反响。在此之后，这一实验不断被科学家、心理学家、认知神经科学家等复制。直到45年后的今天，"百事挑战"的话题仍会被无数的品牌营销专家和广告人谈起。

这个实验很简单，成本也很低，在当下的电视广告中和街头，经常会看到类似的实验营销。百事可乐公司的几百名代表在购物中心和超市设立展位，向前来看热闹的顾客递上两杯没有任何标识的可乐（其中一杯是百事可乐，另一杯是可口可乐），让参与实验的人品尝后告诉工作人员，他们更喜欢哪一杯。

实验结果让百事可乐的高层非常欣慰，因为有超过一半的参与者认为百事可乐比可口可乐好喝。如果你是百事可乐的高层，你看到这个结果后肯定会很兴奋，照这样下去，百事可乐超越可口可乐指日可待。

从公关上来讲，百事可乐的这个活动无疑取得了巨大的成功，为品牌赚足了眼球。但从市场结果来说，这个实验的结论，消费者并不买账。为什么呢？

28年后，人类神经影像学专家瑞德·蒙塔古博士决定采用功能性磁共振成像技术深入研究这一实验结果。蒙塔古博士找来67名志愿者，开始了他的"百事挑战"之旅。

在第一阶段的实验中，他让参与者先喝下两杯可乐，然后询问参与者的感受，实验结果和28年前完全一致。超过半数的参与者都声称喜欢百事可乐，同时功能性磁共振成像的结果也与实验结论一致。

在实验的第二阶段，蒙塔古博士换了个玩法。在参与者喝下可乐之前，他提前告诉参与者喝下的是百事可乐或可口可乐。实验结果让博士感到出乎意料，75%的人表示自己更喜欢可口可乐。

蒙塔古博士发现，参与者的大脑活动区域发生了变化。在实验的第二阶段，除了腹侧被盖区域，参与者的内侧前额叶皮质也被激活了，这个区域主要负责人类的深层思考和辨别能力。这个结果让蒙塔古意识到，大脑中的这两个区域分别是人类"理性"和"感性"的"主战场"。可口可乐广告中的感性因素成功地战胜了人们对百事可乐理性的喜好，左右了人们的选择行为。而人们对可口可乐这一感性的喜好，得益于其100多年来不间断的广告信号刺激，对消费者意识和潜意识形成了持续的条件反射。

蒙塔古博士的这一实验，从科学角度证实了品牌和人类大脑之间的关联，引起了科学界和广告商的广泛关注。

习俗和迷信是怎么影响人们的选择行为的

英国布里斯托大学实验心理学教授布鲁斯·胡德做过这样一个实验，他拿着一件蓝色毛大衣，向在场的众多科学家说，谁穿上这件毛衣，就可以获得 10 英镑。几乎所有的人都举起手来。接着，胡德说道，这件毛衣原来的主人是一位连环杀手。在听到这句话后，很多人放下了手，愿意穿这件毛衣的人寥寥无几。随后，当有几名志愿者穿上这件毛衣的时候，胡德观察到台下的同伴刻意避免看向台上。尽管这时胡德向大家承认这件毛衣并不属于杀手，但台下人们的反应依旧。仅仅是"毛衣曾被杀手穿过"这样简单的一句话，就足以使科学家的态度出现 180 度的大转变。胡德说："'邪恶'本是由文化定义的一种道德立场，而现在它却存在于一件普通的衣服里。"

其实，不管人们理性与否，不管人们是"社会人"还是"经济人"，他们总会有意无意地给某些物品赋予神奇的力量，比如亚洲人就非常喜欢"8"这个数字。

在亚洲文化中，"8"是吉祥数字，它的发音与"发"相似，象征富有、财富、好运、吉祥。这大概也是北京 2008 年奥运会选择在 2008 年 8 月 8 日晚上 8 点 8 分 8 秒开幕的原因之一。

我为现代支付公司创作的超级符号，嫁接的就是"8"这个超级原型。在新品牌亮相的第一年，现代支付公司的业绩就实现了翻番，交易量由千亿级迈入了万亿级。

在日本人的眼里，经典的雀巢奇巧巧克力棒（Kit Kat）不仅是零食，更是吉祥物。雀巢公司刚发布这一新产品时，日本人就发现"Kit Kat"的英文发音和日语中的"Kitto-Katsu"（必胜）非常相似。一夜之间，几乎所有的学生都开始相信，如果在考试前吃上一条奇巧巧克力棒，就必定能考出高分。这也是奇巧巧克力棒在日本竞争激烈的零售市场中名列前茅的主要原因。

为了给广大考生加油打气，中国的晨光文具也是煞费苦心，推出"孔庙祈福"学生考试专用笔，并以"逢考必过"为宣传卖点。据说这个产品一经推出就创造了巨大的轰动效应，引发几十家电台报道，很快就卖断货了。

在全球的各大品牌中都有习俗和迷信的影子，不管是企业名字，还是广告语或营销活动。比如，中国平安的"买保险，就是买平安"，阳光保险的"保险就是阳光"，以及散落在全国各地的各种"财富大厦"等，都利用了这一点。

习俗和迷信每一天都在深刻地影响着全世界人民的选择行为，不管是他们是理性的还是非理性的，是严谨的科学家，还是经济学家眼中理性的"经济人"或者感性的"社会人"。

习俗和迷信的背后，是人们对美好生活的向往、对未来的期待，是在充满不确定性的情况下能触发人们快速做出选择的一把利器。品牌借助习俗和愉悦感的原力，可以瞬间获得人们的好感，加速人们的选择。

生理学原理：生意的本质就是给顾客发信号

品牌营销学的底层原理是传播学，传播学的底层原理是心理学，心理学的底层原理是生理学。

难得的是，巴甫洛夫把生理学和心理学完美地结合在了一起，虽然很有可能是无心之举，但却对心理学产生了巨大而深远的影响。

巴甫洛夫生前是个不折不扣的生理学家，他瞧不起心理学，认为"意识""心灵"等都是一些看不见、摸不着的东西。他认为心理学不够科学，自己研究的领域不是心理学。在弥留之际，他唯一牵挂的就是，希望后人不要称自己是心理学家。

但有趣的是，后人鉴于他对心理学领域的重大贡献，还是违背他的"意愿"，把他供奉进了心理学家的殿堂，尊他为行为主义学派的开创者。约翰·华生正是在巴甫洛夫的影响下，创立了行为主义心理学。

巴甫洛夫曾说，人类的一切行为都是对信号的刺激反射行为，信号刺激越大，引起的行为反射越大。

刺激反射既是品牌营销的底层学问，也是品牌营销的最高法门；刺激反射行为，既是生理学现象，也是心理学现象。当生理学和心理学结合在一起的时候，往往能引发巨大的刺激反射效应，也就是股神巴菲特的合伙人查理·芒格说的"由多因素引发的 lollapalooza（好上加好）效应"。

在实际的品牌营销中，企业通过广告向消费者发送信号，解决交易中信息不对称、信任不自传的问题，谋求消费者的购买行为反射。

再进一步说，境界最高的品牌营销往往追求三种反射行为："记住我"（记住我的名字、样子、价值）、"选择我"（商品、品牌、服务）、"替我传"（商品、品牌、服务等能给我带来收益的事情）。

大多数成功的广告，都包含刺激信号和行为反射这两个核心内容："怕上火"是刺激信号，"喝王老吉"是行动反射；"人头马一开"是刺激信号，"好事自然来"是行为反射；"今年过节不收礼"是刺激信号，"送礼还送脑白金"是行动反射。

再比如我为一款为加油站老板提供贷款的产品创作的广告语"油链通——有站，就能贷"："油链通"和"有站"是刺激信号，"就能贷"是行为反射。这句话能让加油站老板觉得贷款是一件非常容易的事情。

在写作此书的这 5 年时间里，我多次想集合脑科学家、认知神经科学家、生物学家、物理学家、数学家、心理学家、人类学家、历史学家、语言学家、经济学家、神话学家、哲学家等一起来研究品牌营销学，但无奈人脉有限，专家团队到目前都没有组建起来。我只能通过相关跨学科的书籍进行交叉论证，尽自己所能"让营销更科学"。

欢迎有兴趣的专家和我联系，一起研究这个课题，就像维纳研究"控制论"时组建的"豪华"专家团队一样。当然，如果有企业想赞助这项跨学科研究，我也非常欢迎。我认为，这是品牌营销学未来的一个前沿方向。

广告投放后为什么没效果

广告投放后没效果，主要是两个原因：一是广告发射的刺激信号不对，二是刺激信号强度不够。

第一，刺激信号不对。

《巴甫洛夫的两种信号学说》这本书讲到这样一个案例：

我们碰到这样一个场合，一个精神病诊疗院中的一个女病人，对于铃声的作用和灯光的闪亮不能形成条件反射。这个女病人的大脑皮质活动衰微极了。我们估计到这种情形，于是就决定寻求尽可能符合于这个女病人的刺激物。研究她的病历的结果，我们产生了利用香水做条件刺激物的想法。结果条件反射形成的非常迅速。原因是这样。如像病历上说明的，香水在这个女病人的生活中是过去在第二信号系统活动范围中有积极作用的一个刺激物：谈论过

香水，各种香水在女病人的头脑中与各个生活阶段联系了
起来，等等。

这也是很多企业在品牌营销过程中经常出现的问题，刺激
信号没找对，投入多少钱都是浪费。

如前文提到的"褚橙"，当它叫"云冠橙"的时候，就是
信号没找对，所以很难引起消费者的行为反射，销量惨淡。在
第二年上市的时候，它改名为"褚橙"，就大获成功，短短 5
天时间，几十吨橙子就很快卖断货了。成功是因为找对了刺激
信号"褚橙——前红塔集团董事长褚时健种的橙子"，引发了
消费者疯狂的购买行为反射。"褚橙"这两个字，就如同上面
病历中的"香水"。

寻找"香水"这个刺激信号的过程和我们寻找品牌超级信
号的过程是一样的，都少不了战略定位和综合分析，也和神探
福尔摩斯破案的底层逻辑一样。

再比如，"分享"这两个字，就是驱动 Tickle 软件用户增
长的超级刺激信号。

第二，刺激信号强度不够。

在认知神经科学中，有一个概念叫"刺激阈值"，指的是
引起一个行为反射所需要的最小刺激强度。

19 世纪出生于德国维登堡的生理学家恩斯特·韦伯发现，
引起人们行为反射所需要的刺激变化量与刺激强度有直接关

系。刺激越强，引起的行为反射就越大。为此，他提出了一个著名的韦伯定律，用公式来表示就是：

$$\triangle \Phi / \Phi = C$$

其中 Φ 为原刺激量，$\triangle \Phi$ 为此时的差别阈限，C 为常数，又被称为韦柏率。

简单说就是，信号能量要足够强，否则信号无效。更多内容可以结合第一篇自行理解，在这里不再赘述。

就像雷军说的："烧水时，哪怕你烧到 99℃ 也没用。水唯有沸腾之后，才有推动历史进步的力量。"

在广告投放中，要么不做，要么打透，"把水烧开"。

重要的不是你是什么，而是消费者认为你是什么

我前面讲到，一切传播都是信息的编码与解码，一切消费者行为都是信号的刺激反射行为，信号刺激越大，引发的消费者行为反射就越大。我们在挖掘超级选择理由的过程，就是解码消费者心智的过程，我们的超级信号编码瞬间激活的就是消费者大脑中已有的认知编码。

举个例子，一条街上开了三家海鲜店，分别是小李海鲜饭店、小刘海鲜饭店、小王海鲜饭店。

对喜欢吃海鲜的人来说，最重要的问题，除了价格是否合理，就是海鲜是否新鲜。

小李在店门口贴了一张大大的海报，上面写着"本店海鲜

超级新鲜";小刘也在店门口贴了一张大大的海报,上面写着"本店海鲜是这条街上最新鲜的"。但当你走进这两家店的时候才发现,这些所谓的新鲜海鲜,只存在于菜单上的文字里。

小王也在店门口贴了一张海报,上面写着"本店海鲜现捞现做"。你再一看,海报旁边大大小小的玻璃缸里全是活蹦乱跳的各种海鲜。

作为顾客,你更相信哪家店的宣传呢?

"活蹦乱跳"就是大家脑海中储存的"新鲜"编码,看到眼前这些活蹦乱跳的海鲜后,这个编码瞬间就被激活了。很多饭店现在也都是这样布置的:中央厨房,透明玻璃,师傅现做、现切、现炸、现蒸。因为这些"现场制作"的演示,才是消费者大脑中存储的"新鲜"编码。

影响人们选择行为的两套信号系统

前面我们讲到,可口可乐通过100多年的广告信号刺激,与消费者建立了持续稳定的条件反射,在全球赢得了众多品牌信徒,成了粉丝的首选,甚至有很多人几乎一辈子只喝可口可乐。

巴甫洛夫认为,人类的一切行为都是对信号的刺激反射行为。有多强的信号刺激,就能引起多大的行为反射。

为此,他提出了人类两个信号系统学说:第一信号系统是指以现实的事物为条件刺激建立起来的条件反射;第二信号系统,即第一信号的信号,是以说出的、听到的、看见的语词的形式表现出来的，现实的第二信号系统是人的高级神经活动特有的、新质的、最完善的、最高级的形式；第二信号系统能对现实的对象和现象进行概括反应，从而无限扩大人类在周围世界中的定向。这构成人类特有的高级思维，这种思维首先创造了人类经验，最后创造了科学。

如果你觉得不好理解，可以参照红烧牛肉面的例子。

你在饭店看到热气腾腾的牛肉面，忍不住也点了一碗。这就是第一信号系统的刺激反射。

你在超市看到方便面包装袋上的图片，又开始一咽口水并往购物筐里放了两袋。这就是第二信号系统的刺激反射。

后来，你只要看到"牛肉面"这几个字，就开始咽口水。这就是第二信号系统的词语刺激反射。

第二信号系统的刺激反射，从生理学的科学研究来说就是镜像神经元。可千万别小瞧镜像神经元，它对心理学家来说，就像 DNA 对生理学家一样的重要。在后期的著作中，我估计会专门写一篇关于镜像神经元和品牌营销之间的关联。一言以蔽之，如果没有镜像神经元的作用，广告在 60% 以上的情况下都是无效的。

消费者的一切选择行为，都是对信号刺激的反射行为。从刺激源上来讲，主要是对五觉的刺激。在上面的例子中，饭店的红烧牛肉面和方便面的包装都是符号刺激，菜单上"红烧牛肉面"这五个字是词语刺激。

06

让人们 "选择我" 的
两种方法

修辞学：人们购买的不是商品，而是希望

2300 多年前，亚里士多德首创修辞学，并为我们留下了传世之作《修辞学》。他对修辞学的定义是：说服人们相信任何东西，或者促使人们行动的语言艺术。

品牌营销和广告的底层编码是符号学和修辞学，符号学和修辞学可以让人们相信你售卖的任何东西，是促使人们采取行动的心理学艺术。

当然，亚里士多德的"修辞学"只是微观层面的修辞学。从宏观视角来说，在人类的语言还没有成型之前，"修辞学"已经在我们的远古祖先那里得到了广泛的应用。远古部落的人如果想竞选部落首领，除了强健的体魄，还要靠修辞学，也就是讲故事的能力。

看过《至暗时刻》这部电影的朋友，可能对西塞罗多少有些印象。电影中的丘吉尔借助西塞罗的书籍，用演讲打败了内阁里的投降派，发动了改变大英帝国命运的大战。

结合亚里士多德的《修辞学》和我 20 年的品牌营销经验，我总结出品牌营销学中常用的九大修辞法（见图 30）：愉悦修辞法，类比修辞法，押韵修辞法，对比修辞法，节奏修辞法，

普世修辞法，简单修辞法，环形修辞法，数字修辞法。

《9大修辞法》

愉悦修辞法 · 类比修辞法 · 押韵修辞法
对比修辞法 · 节奏修辞法 · 普世修辞法
简单修辞法 · 环形修辞法 · 数字修辞法

图30　品牌营销9大修辞法

资料来源：作者绘制。

我采用"修辞法"而不是"修辞学"这一概念的主要原因是，希望它们是人人都能学得会、用得上的实战方法。

九大修辞法看上去很复杂，但其实并不复杂，你可以把它们看成一种修辞法：愉悦修辞法。只要掌握了这一个绝招，你就足以解决品牌营销中遇到的不少难题。其余八个方法，可以理解为是制造愉悦感的延伸方法。

在本书中，我不会对九大修辞法进行太多论述，因为这远远超出了一本书的体量。

愉悦修辞法

很多超级品牌都是制造愉悦感的高手，我们看看麦当劳是如何用愉悦感绕过我们的大脑防线，让我们喜欢上麦当劳的。

麦当劳的"我就喜欢"这句广告语，想必大家都非常熟悉了。自2003年刚一问世，这句广告语就迅速被翻译成20多种语言，在全球广泛传播。

但大家是否想过，它的广告语为什么是"我就喜欢"而不是"你就喜欢"呢？

想象这样一个场景，当我们在看电视、购物、或者聊天的时候，耳朵里突然传来一句带有"我就喜欢"的话语，我们瞬间就会联想到麦当劳的这句广告语，尽管很多时候我们是下意识的。这种信息很容易绕过我们的大脑防线，不知不觉中在我们的潜意识中形成品牌绑定。当我们反复听到这句话的时候，我们就会不由自主地在心中重复这个曲调。

这样，我们就把饱含情感能量的"喜欢"一词和麦当劳这个品牌紧密地联系在一起了。

更巧妙的是，"我"字会在我们的潜意识中产生一种强烈的自我暗示，暗示"我就喜欢"麦当劳。如果把"我"字换成"你"字，就不会有这种自我暗示作用。长此以往，在这些潜意识力量的作用下，我们神不知鬼不觉地就会给自己的大脑下达一个"喜欢麦当劳"的指令。也就是说，你的大脑会命令你："我就喜欢"麦当劳，千万别用别的品牌来糊弄我。

我喝完一口麦咖啡（McCafe）后，发现其标志下面印了一句广告语：每一口，都是黄金标准。你看，它就是想给你制造一种黄金般的愉悦感。

人类的一切选择行为都是情绪化的结果。整个广告学大厦就是建立在愉悦感的地基上，消费者只购买能给他带来愉悦感的东西。也就是说，只要一个商品能给消费者带来愉悦的联想，消费者就会想买它。消费者的购买行为是对"愉悦"奖励的预期。

"人头马一开，好事自然来"这句广告语就是通过广告来给受众制造愉悦感。至于带来的"好事"，这是仁者见仁智者见智的事情，可以任由人们联想。

百事可乐的"祝你百事可乐"，万事达卡的"万事皆可达，唯有情无价"，滴滴的"滴滴一下，美好出行"，西贝的"闭着眼睛点，道道都好吃"，娃哈哈的"爱你就等于爱自己"，优乐美的"你是我的优乐美"，华帝世界杯营销的"法国队夺冠，华帝退全款"，中国银行的"给未来开个好'投'"，台湾大众银行的"不平凡的平凡大众"，自然堂的"你本来就很美"等，都是通过广告来激起受众内心的愉悦感，从而加大被消费者选择的概率。

不只是这些大品牌，只要你足够细心，就会发现所有的商家，无时无刻不在用愉悦感鼓动我们快速做出选择。

我们去饭店吃饭时，经常看到很多人拿起菜单犹豫半天，不知道该点哪道菜。对靠翻台率来赚钱的饭店来说，这可是要命的，尤其对是坐落在 CBD 写字楼周边的小饭店来说。

菜单最大的作用，是缩短顾客点菜的时间。你会发现，有些饭店确实在菜单上花了不少心思，为顾客做好了分类："进店必点""本店招牌""店长推荐""今日特价""新品尝鲜"等。有的饭店还会在菜品名称旁标注辣度或热度。同样的一道菜，只要你在菜名前写上"本店招牌"四个字，其销量就可以直接提高 18% 以上，这就是修辞学的威力。

这背后的原理还是愉悦感，即通过修辞来激活你大脑中的多巴胺，以便让你快速做出决策。这样，客人的决策流程就变短了，翻台率就上来了，利润自然就提升了。

我认为，制造愉悦感的路径有以下三种。

第一，符号。我为现代支付设计的超级视觉符号"8"、麦当劳的 M 形标志、LG 的笑脸标志、耐克的对勾等，都是在通过符号为受众制造愉悦感。

第二，名字。比如，可口可乐、百事可乐、喜茶、步步高、娃哈哈、福临门这些名字都可以制造愉悦感。

第三，广告语。比如，"人头马一开，好事自然来"，"中国银行基金定投，给未来开个'好投'"，"你本来就很美"，"你值得拥有"等广告语可以制造愉悦感。

上面我们讲了带给人们愉悦感的三大路径，下面我们从生理学和心理学角度简单论述一下制造愉悦感的三大底层编码。

第一，联想和记忆。

亚里士多德在《修辞学》一书中对愉悦有这样一段精彩的描写："有许多东西，只要有人告诉我们是使人愉悦的，或者劝诱我们，使我们相信是使人愉快的，我们就想观看，想获得。既然快感是对某种情感的感觉，既然想象是一种微弱的感觉，所以一个有所回忆或有所期望的人会对他所回忆或期望的事有所想象。如果是这么一回事，那么，很明显，那些有所回忆或有所期望的人会感到愉快，必然是感觉中的现在的事，或回忆中的过去的事，或期望中的未来的事，因为现在的事可以感觉，过去的事可以回忆，未来的是可以期望。"

简而言之，广告的成功就在于，成功地唤醒人们的联想记忆，而这背后更深层的生理学原理是人类的镜像神经元在起作用。

第二，多巴胺。

从生理学角度来讲，影响我们愉悦感的是多巴胺这种神秘的物质，分泌的多巴胺越多，我们产生的愉悦感就越强。

第三，习俗和迷信。

习俗和迷信被认为是非完全理性的行为，这些行为及其结果之间没有任何可辩证的关系。习俗和迷信不仅影响普通人的选择，理性的科学家很多时候也会受其影响。

类比修辞法

有这么一家银行，它每天都会往你的账户里充值 1440 块钱，但前提是你每天必须花完。如果你没有花完，那么对不起，你的账户会直接清零。第二天，它会再往你的账户里面充值 1440 块钱。

那么问题来了，在这种情况下，你对待这笔钱的最佳策略是什么？

很多朋友可能会出大招，争取把这笔钱花光。

也有很多人就会说："王老师，这世界上真有这样的银行吗？"

答案是肯定的，而且这家银行对每个人都是公平的，不管你是美国总统，还是中国的平民百姓。

这家银行到底在哪里呢？

就在你眼前，这家银行就是"时间"。

它给每个人的一天都是 1440 分钟，不管你能不能用完，它都会每天准时清零。

听到这一类比后，你是否对"时间"有了新的认识？"时间就是金钱"，"一寸光阴一寸金"这两句话是否瞬间也焕发出了新的生机？这种"助推"的话语，是不是比干巴巴的灌输"时间对我们每个人都很重要，大家要好好珍惜每天的每一分钟"更能打动你？

几年前，我专门设计了一块手表，名字就是"时间就是金钱"。我把指针和美元符号 $、人民币符号¥、英镑符号£、欧元符号€相结合。我把每个符号都少写一笔，当分针指向这些符号时，正好补齐符号缺少的那一笔，隐藏的"钱"就瞬间显现了。

图 31 就是我的设计图，大家可以自行体会其中的奥妙。我目的就是用这块手表，时刻提醒自己，这家名为"1440 银行"的重要性。

图31 "时间就是金钱"手表设计图

资料来源：作者绘制。

这也就是我对待时间的态度：不能浪费时间，要把有限的精力都投入到能形成自己个人品牌资产的事情上，投入到未来能给我们带来收益的事情上，这个收益可以是物质的，也可以是精神的。

写书的过程，就是将"1440银行"里转瞬即逝的分分秒秒都保存下来，让它拥有自己的价值，可以被更多人看见，可以帮助更多人。我想，这也是很多人写作的初心。文字可以将刹那化为恒久。

企业的品牌建设也是这样，能形成品牌资产的事情，我们一定要做，不能形成品牌资产的事情，一秒钟也不要浪费。

类比修辞法，在我们的日常生活和品牌营销活动中非常普遍。

我给"侍文院"创作的广告语"侍酒文化领航者"采用的就是类比修辞法。再比如，大家经常听到的"中国版谷歌""减配版淘宝""下一个阿里巴巴""中国的特斯拉"、雷军的"雷布斯"、段永平的"段菲特"等说法，都是类比修辞法。

如果生活中没有了类比修辞法，那将是无法想象的，交易成本会瞬间剧增，甚至整个社会的发展都会受到影响。关于修辞法的更多内容，我会在下文中向大家一一讲解。

押韵修辞法

为什么我们的大脑，总会在不知不觉中被欺骗？

现代科学家和心理学家发现，当我们在试图说服别人相信某件事或某个观点的时候，巧妙地运用一些押韵的句子，能够明显提高成功的概率。从这个角度来说，咒语、诗歌、广告语等都是同源的，它们底层编码都是修辞学。

我们的大脑之所以很容易被欺骗，是因为它从古到今，总是喜欢押韵的东西。押韵的广告语带有一种天生的魔力，能成功绕过大脑防线，让消费者不知不觉就相信，而且在受众的大脑中留存的时间会更长。

迪比尔斯的"钻石恒久远，一颗永流传"、建设银行的"要买房，到建行"、人头马的"人头马一开，好事自然来"、维维豆奶的"维维豆奶，欢乐开怀"、汉庭的"爱干净，住汉庭"、农夫山泉的"农夫山泉有点甜"等都是押韵广告语中的佼佼者。听了这几句话，你瞬间会对相关品牌产生信任。

广告语其实就是咒语。

为什么押韵句，总能轻易地绕过人们的心理防线？

心理学中有个概念是"认知放松"。结合卡尼曼的观点来讲就是，如果你能用词语给对方营造一种轻松的氛围，不用调动他的系统2(慎思系统)，那么他更容易进入一种放松的状态。押韵句就是能给受众带来认知放松的超级武器，可以轻松绕过受众的大脑和心理防线，并使他们信服。

人们在听到这些押韵句子时，不会有任何心理防备，会觉得它们有道理，即使是第一次听到，也会觉得特别亲切、特别熟悉、特别顺口，不但一下子就能记住，而且以后还会引用。这离不开修辞学的魅力、押韵句的功劳。

如果我们用非押韵句来表达同一个意思，就很难瞬间让人信服，很难流传开来。如果把"人心齐，泰山移"这句话换成"只要大多数人的想法都差不多的时候，我们就能克服各种困难"，气势就弱了很多，而且很难流传开来。

对比修辞法

为什么多问一句话，销量就能涨两倍？

在心理学家看来，人类的大脑很懒，懒得去思考，很容易将前后关系理解为因果关系。对比法利用的正是这一点。

比如，同样是卖煎饼果子的，老张的收入是老李的两倍多，原因是老张在每个顾客付款的时候，都会主动询问一句："您要加一个鸡蛋还是两个鸡蛋？"仅仅多了这句话，两个人的收入就差了很多。

铁达尼手表的"不在乎天长地久，只在乎曾经拥有"、Kisses 巧克力的"小身材，大味道"、海王银杏片的"30 岁的人、60 岁的心脏，60 岁的人、30 岁的心脏"、MM 豆的"只融在口，不融在手"等采用的都是对比修辞法。

这些广告语通常前半句是否定句，后半句是肯定句，在前后对比中，加深受众的印象。

下面这段广告语采用的就是对比修辞法：

你写 PPT 时，阿拉斯加的鳕鱼正跃出水面；你看报表时，梅里雪山的金丝猴刚好爬上树尖；你挤进地铁时，西藏的山鹰一直盘旋云端；你在会议中吵架时，尼泊尔的背包客一起端起酒杯坐在火堆旁。有一些穿高跟鞋走不到的路，有一些喷着香水闻不到的空气，有一些在写字楼里永远遇不见的人。

你将上面这段话跟广告语"携程在手，说走就走"对比一下。同为旅游广告文案，哪个更能打动你？

你也可以用上述原理思考一下苹果最新推出的 iPhone 手机的定价策略。

到底是该买 iPhone mini，还是该买 iPhone12 或 iPhone12pro？

我估计很多人会纠结。

当然，更多人会买 iPhone12，这也符合苹果公司的预期。iPhone mini 和 iPhone12pro 只是一个锚，为的是把你锚定在 iPhone12 这款产品上。这就是对比法所爆发出来的巨大威力。

节奏修辞法

常见的节奏修辞法有两种，一是对仗法，一是叠字法。

对仗句是广告中常用的修辞手法。对仗句不但读起来朗朗上口、韵律优美，而且说服力极强。

比如我给刘 sir 的新书《连接力》提炼的封面核心选择理由就是对仗句："要么独当一面，要么连接一切"。

当然，仔细看的话，你会发现在这个封面方案曾经修改过好几处，可谓"机关算尽"，而且每一个"机关"都指向直接卖货和品牌资产的积累（见图32、图33）。

新旧封面对比图

图32　《连接力》新旧封面对比图
资料来源：六人行（天津）文化传媒有限公司。

① 字体进行符号化设计
增强信号能量，增强吸引
力、记忆力

② 放大卖点，降低选择成本

③ 增加公司品牌 logo，积累企业品
牌资产

④ 书脊作者名字放大 3 倍，累积个
人品牌 IP 资产

⑤ 对仗句广告语修辞法
让顾客停下来，立即进入购买状态
红色字体突出卖点、放大信号能量

⑥ 增加公司名字，积累企业
品牌资产
作者名字放大 5 倍，让传
播范围扩大 25 倍
强化个人品牌 IP 曝光

⑦ 卖点解读、排解顾虑、加
速下单

图 33　《连接力》封面方案中的"机关"

资料来源：六人行（天津）文化传媒有限公司。

如果说一本书的广告效果提高了 10%，那么一万本书的广告效果又提高了多少呢？

封面设计非常重要，对很多"素人"作者来说更是如此，封面在很大程度上决定了一本书的命运。封面上的每一个字、每一个符号都要反复推敲，把它们打磨得金光闪闪，让别人一看就想拿起来。

简单来说，书籍的封面设计就是在设计选择理由，在设计读者"记住我、选择我、替我传"的引爆点。优秀的文案和封面相当于一个金牌销售员，24 小时站在书架前帮你做推销，而且全年无休，还不收一分钱。幸运的是，这本书上市的当月，就取得了当当"新书热卖榜 TPO100"排名榜单第 1 名的好成绩。

再比如，大家比较熟悉的 OPPO 的"充电 5 分钟，通话 2 小时"、人头马的"人头马一开，好事自然来"、迪比尔斯的"钻石恒久远，一颗永流传"、脑白金的"今年过节不收礼，收礼还收脑白金"、同仁堂的"炮制虽繁必不敢省人工，品味虽贵必不敢减物力"、麦斯威尔咖啡的"滴滴香浓，意犹未尽"、万事达的"万事皆可达，唯有情无价"、菲利普的"静于心、简于形"等都是优秀的对仗句。

叠字最大的魅力是，能瞬间带给人们亲切感、熟悉感。

叠字广告语会在消费者的潜意识里产生神奇效果。

叠字是广受人民群众喜爱的一种修辞方式，从家长给孩子取的名字里，我们就能窥知一二。

叠字是品牌命名和广告营销中经常使用的修辞方式。

"阿里巴巴""滴滴"这些名字中都有叠字，"娃哈哈"及其广告语"喝了娃哈哈，吃饭就是香"中也都有叠字。

叠字使得名字或者广告语更具节奏感，同时又能直接把信号放大，还会引发受众的"曝光效应"。

叠字在古代诗词中也经常出现。

享有"千古第一才女"之称的宋代女词人李清照的传世之作《声声慢》，更是把叠字用到了前无古人、后无来者的境界。

这首词是李清照晚年流落江南时为抒发家国身世之愁而作。这首词最大的特点，就是成功地运用了叠字。开篇三句十四个叠字，表达出了三种境界。"寻寻觅觅"，写人的动作、神态；"冷冷清清"，写环境的悲凉；"凄凄惨惨戚戚"，写内心世界的巨大伤痛。同时，这几对叠字还造成了音律回环往复的效果,加强了词作的音乐性,使受众感同身受、过目难忘。

普世修辞法

路易斯·史蒂文森曾说:"文学的难点不在于写作,而在于通过写作传达出你想表达的意思。"

普世修辞法,指的是它里面蕴含的普世道理。具体指的是理解的门槛要足够低,低到绝大多数人都能听懂。像"时间就是金钱""知识改变命运""凡事要量力而行""饭后百步走,活到九十九""一个篱笆三个桩,一个好汉三个帮"这些句子,理解门槛就很低。

像"怕上火,喝王老吉""喝了娃哈哈,吃饭就是香""困了、累了,喝红牛""今年过节不收礼,收礼只收脑白金""麦当劳,我就喜欢"等,在年复一年的重复中,不知不觉在人们的大脑中成了"普世的道理",好像这些产品,生来就是如此。

简单修辞法

简单修辞法指的是广告用词要足够"简单",简单到大部分人都能听懂。具体说来就是,要接地气,多用口语,少用书面语。传播是口语行为,我们发布一个广告语,为的就是让人们口口相传,一传十、十传百。只有口语,才能达到这个效果。

有一次儿子突然对我说:"爸爸,今天出去玩,你给我买瓶农夫山泉。"

我说："为什么？家里不是有依云吗？"

儿子说："爸爸，因为农夫山泉喝起来有点甜。"

可见农夫山泉的广告语有多成功，一个 6 岁的小孩都能脱口而出。但可惜的是，"农夫山泉有点甜"的广告语已经被"大自然的搬运工"取代了。试想一下，有多少小孩会对他们的父母说："爸爸 / 妈妈，给我来瓶大自然的搬运工。"

"我们不生产水，我们是大自然的搬运工"这句话是典型的书面语，如果没有海量的投放，根本不可能流传开来，与"农夫山泉有点甜"的传播效果相去甚远。

这是很多企业都会犯的一种毛病，发展到一定阶段，就会产生一种焦虑感，总想变点新花样出来。对职业经理人来说，似乎不整点新东西，就没有存在感。希望很多企业引以为戒，不要让宝贵的品牌资产白白流失了。作为品牌营销人，每当我们看到宝贵的品牌资产就这样白白流失，真是痛心啊！

我觉得"农夫山泉有点甜"这句广告语应该被写入农夫山泉公司的章程，不要轻易更换。其他广告语可以是阶段性的，但这一句广告语必须坚持下去。就像前面说的日本格力高的户外广告，一直沿用了 100 多年，以至于成了日本的地标。一个商业广告牌能够成为地标，这是何等成功和宝贵。

环形修辞法

环形修辞法，指的是广告语要是一个完整的句子，并且这个句子要给出解决方案。

亚里士多德在《修辞学》对环形句有这样的定义："环形句，指本身有头有尾，又容易掌握长度的句子。这种句子讨人喜欢，容易理解。讨人喜欢，是因为听者经常认为他有所领悟，达到了终点。容易理解，是因为容易记忆。"

很多时候，产品并不是最重要的，重要的是消费者的感知，在很多时候，感知就等于事实。

一个好的环形句应该包括目标用户、产品名、选择理由这三大要素。

比如"人头马一开，好事自然来"，目标用户是"喝酒"的人，产品是"人头马"，选择理由是"好事自然来"；"喝了娃哈哈，吃饭就是香"，目标用户是"不好好吃饭"的小孩，产品是"娃哈哈"，选择理由是"吃饭就是香"。

数字修辞法

人的一生，归根到底，就是一段数字。

数字修辞法指的是，在广告或者品牌营销活动中含有具体的数字，可以是阿拉伯数字，也可以是汉语数字。数字修辞法在生活中比比皆是，我们先来看一个例子。

很多人可能留意过这种现象，在你打开电脑的时候，360的开机助手会弹出个对话框："本次开机用时 XX 秒。360 开机小助手恭喜您：您的开机速度击败了全国 99% 的电脑，特此授予您五星级神机称号！"

至于你的电脑是否真的打败了全国99%的电脑，这很难说，但可以确定的是，这个对话框带给你的愉悦感是持久而弥新的。

顺着这个思路，你可以再分析一下360公司的其他产品，如360杀毒全家桶，相信你会有新的发现。

当然，如果你分析一下海底捞、拼多多、淘宝、京东、微信、支付宝、西贝等品牌，你就会发现，它们都是制造愉悦感的高手。用互联网圈的一句话来说就是，"和用户做朋友，让用户用得爽"。"爽"是什么意思？愉悦感。和传统企业比起来，互联网公司确实更善于制造愉悦感，以至于还有个专业名词叫"彩蛋"。

如果你的抖音、快手、微信公众号、视频号等有一则点赞数或阅读量超过10万的内容，你脑中的多巴胺就会瞬间加倍分泌，跟中了彩票似的。

当你逛超市、商场看到打折商品时，或者看到某款App的广告语为"累计下载量突破6亿次"或"×千万用户的选择"时，或者看到某种商品的广告语为"每年销量绕地球×圈"时，你都会产生愉悦感。只要你稍作留意就会发现，数字修辞法在生活中比比皆是。

人天生对数字就很敏感，人的一生就是由一串串数字构成的。

我们描述一个婴儿时会说"×个月大了"，描述一个孩子时会说"他×岁了，该上小学了"；成年之后，我们会有身份证号和电话号码；工作后，我们的劳动成果是用工资来衡量的……我们一生都在使用数字。

数字的背后是时间，时间的背后是生命、金钱。使用数字修辞法，是为了降低顾客选择成本。把握住这一点，你就把握住要点了。

符号学：人们购买的不是产品，而是符号

假设 LV 推出了一款新手提包，设计风格和之前的产品一模一样，唯一区别是，手提包上所有带有 LV 标识的元素都被去掉，价格还和之前的一样。面对这款新产品，还有人愿意购买吗？

我想，绝大多数人都不会购买。LV 也不会冒这种风险。

为什么说无印良品是真"良品"假"无印"

20 世纪 80 年代，世界几个主要经济体陷入了低迷，日本也经历了严重的能源危机。当时的消费者不仅希望商品品质很好，也希望价格不高。在这种情况下，"无品牌"概念（源自英文：no brand goods）在日本诞生了。当年，木内正夫创办了"无印良品"公司，并向市场推出了第一批无品牌产品。

从 1983 年无印良品在东京青山开设第一家旗舰店到现在，无印良品的门店仅在中国就突破 200 家。尤其是对设计师来说，要是没听过无印良品，没有买过一两件无印良品的小物件，都不好意思说自己是干设计的。

具有戏剧性的是，无印良品的初衷是不要品牌，但现在"无印良品"却成为了一个全球知名的品牌。如果你去散落在中国一二线城市的无印良品门店走一遭，你会发现，到处都是带有无印良品 logo 的商品。

所以，消费者购买的不是商品，而是符号。

消费者需要通过他们所购买的符号，向外界发射信号，表明他们的身份，传递他们的价值观、品位、审美取向等。

为什么说人们购买的不是产品而是符号

20 世纪 90 年代中后期，奔驰、宝马等豪华品牌开始扩张自己的商业版图，把触手伸向了价位较低的中级车领域，这让当时的大众汽车总裁皮耶希深感不安，为此他决定进行反击。他的战略是，打造一款能与奔驰 S 级和宝马 7 系相匹敌的豪华 D 级车。

相关项目在 1997 年启动，为了追求完美无缺，技术狂人皮耶希给他的工程师提出了多项苛刻的技术要求，如车内四区域无气流空调，全天候 300km/h 速度巡航能力，在环境温度 50℃时，车内可以保持 22℃恒定温度，车身抗扭转刚性要达到 37 000Nm/度等。经过 5 年的努力，这款斥资超过 10 亿欧元、集合了当时大众汽车最高造车技术的旗舰车型"辉腾"终于在 2002 年下线了。为了制造辉腾，皮耶希老还专门打造了德累斯顿透明工厂，据说造价高达惊人的 1.86 亿欧元。

可以说，在这样的背景下诞生的辉腾，如同含着金钥匙出生。

虽然"辉腾"这个名字能给人们带来愉悦感，但却没有给自己带来腾飞的好运，也没有等到飞黄腾达的那一天。

2016 年 3 月，随着第 84 235 辆黑色涂装的 4.2L 辉腾驶下德累斯顿透明工厂生产线，也正式宣告了辉腾的停产，结束了为期 14 年的短暂"辉腾"岁月。

辉腾为何惨败？我认为原因有以下三点。

第一，品牌战略定位的失败。

在这个案例中，战略定位包含两部分：一是产品战略定位，皮耶希用辉腾这一产品实现豪华 D 级车这一战略定位，看起来没什么不妥；二是品牌战略定位，辉腾的失败，更多的是品牌战略定位上的失败，最主要的是其不应该继续沿用大众的标志。

标志符号的背后是品牌战略定位，所有的事都是一件事，都事关战略，不应该割裂开。辉腾的致命问题就是，产品战略定位和品牌战略定位是两张皮，不能形成品牌合力，带给消费者的认知也是割裂的。

第二，信息不对称。

从大众汽车公司的角度来看，他们想通过辉腾这辆价格为二三百万的车发出"豪华"的信号，但受众接收到的信号却是只值二三十万的"帕萨特"，这一信号的能量一下子损耗了十倍。所以，辉腾的故事完美地演绎了在传播中信号能量是怎么损失掉的。

第三，符号决定命运。

辉腾投入了超过 10 亿欧元，向我们生动地证明了符号是如何决定品牌命运的。

消费者买车时买的是什么？车标！车标是什么？超级信号。

大家想想，卡宴为什么成功？因为它属于保时捷这一品牌，"保时捷"这个符号的信号能量非常大。消费者如果开着一辆卡宴上街，会觉得很有面子。在人们的印象中，保时捷是豪华车的代名词，保时捷旗下的所有车型，至少需要几百万元。但卡宴仅用 100 万元左右就能买下来。

如果你留意国产车车标设计，就会发现，很多品牌都像是洋品牌流落在中国的双胞胎兄弟。

企业通过符号来影响消费者的选择，消费者再通过符号对外界发射信号，彰显自己的身份。

所以，消费者购买的不是商品，而是符号、信号。

07

快速卖货文案四步法

跟进这么多年的品牌营销经验，我总结出了快速卖货文案四步法（见图34）：标题吸引人，内文说动人，让人立刻买，让人替我传。

快速卖货文案4步法

① —— ② —— ③ —— ④

标题吸引人　内文说动人　让人立刻买　让人替我传

图34　快速卖货文案四步法

资料来源：作者绘制。

标题吸引人

"H5还能活多久？"和"我觉得H5还能多活1秒！"这两个标题，哪个更吸引你，让你更有想打开的冲动？

实验表明，第一个标题的打开率是第二个的50倍以上。这两篇稿子的内容都脱胎于同一个PPT演讲稿，但传播效果至少相差50倍以上。

第一篇稿子，是我为W公司创始人李三水在金瞳奖的演讲策划的公关传播稿,在零传播费用的情况下引发了刷屏热传,被人民日报媒体技术、数英网、顶尖文案、麦迪逊邦、中华广告网、广告导报、广告头条等专业媒体和众多自媒体转发,在社交网络引发了近 1000 万的自传播阅读量。

标题就是流量,标题就是一切的开始。标题决定了阅读率,阅读率决定了转化率,转化率决定了收益率。

写文案,最难的是第一段,比第一段更难的是标题。我们可以用 3 个小时写一篇精彩的文章,但可能用 3 天时间也想不出一个吸引人的标题。如果经营过微信公众号,那么你会明白这个道理。

我的朋友山哥之前曾在抖音上做情感类短视频。在和她的聊天中我得知,在刚开始的一段时间里,她发布的视频播放量都不太大,大多在 1 万以下。直到有一天,她写下了"阳光下的是爱情,房间里的是关系"这个金句,一夜之间,她的视频火了。该视频的播放量突破了 1000 万,给她的账号带了超过50 万个粉丝。这条短视频后台的留言超过了一万多条,四个工作人员花了 3 个工作日才回复完。

也就是从这一条视频开始,她体会到了标题和金句的威力,基于这一经验,她的粉丝数很快就超过了 200 多万,视频的点赞数和评论数也是一路飙升。

作为本书在盲测阶段的最初几位读者之一,当我和她探讨如何理解"记住我,选择我,替我传"这几个字时,她聊到了上述经历。除了上面说到的金句，她的那条视频之所以能够引爆，也离不开天时、地利、人和。

那天，当她灵光乍现想出那个金句并想把它添加上视频封面图上时，设计人员恰巧已经下班了。情急之下，她只得求助程序员同事。这位程序员同事并不懂设计，将这几个字做得特别大，还采用了红黄色，视觉冲击力非常强。

她第一眼看到这种设计方案时，有点接受不了，认为和之前视频封面图的唯美设计风格不搭。不过，由于程序员同事是主动帮忙，她也不好意思挑毛病，就全盘接受了。结果就像上面讲到的，这条视频很快就爆了。

这符合我前文所说的"信号能量"原理。巧合的是，山哥在做这个视频时，无意之中将修辞学和符号学都用到了极致（再加上一定偶然因素），做出了爆款视频。

从此以后，她所有的短视频封面图都沿用了"金句＋大字"的设计风格。实践证明，这招很有效。

具体到做抖音视频、视频号等网络短视频，我进行了如下总结。

第一，一个视频里，至少要有一个金句。这个金句要能瞬间点燃观众的热情，引发强烈的共鸣和分享的欲望。同时，这句话也要成为别人愿意替你传播的话。

第二，封面图至关重要，要能瞬间吸引人。

第三，信号能量要强，要达到让别人替我传的效果。

最后，我们再回到本节主题上：怎样写一个吸引人的标题？我认为要把握四点：好奇法、3 秒法、优惠法、22 法。

好奇法：标题要引起人们的好奇心，让人们瞬间产生点进去看的欲望。

3 妙法：标题要在 3 秒钟内吸引人来阅读，否则，内容再好也没用。80% 的读者会在 3 秒内决定是否继续阅读下面的内容。

优惠法：在标题中直接以"优惠"作为最大卖点，大家可以根据自己的实际情况来操作。

22 法：标题不要过长，最好控制在 22 个字以内。根据心理学家和科学家的研究成果，标题越长，阅读率越低。

内文说动人

在这里，我为什么不用"说服"而用"说动"这个词？因为"说动"有驱使受众行动起来的意思。我们发射一个超级信号，谋求的是顾客的三个行动：记住我、选择我、替我传。

很多时候，我们通过有限的广告画面很难把一件事情说全、说清，也很难说服对方。但如果我们围绕最终目的来思考，那么这件事就很聚焦：我们只要把顾客说动就行，不用说全、说清，甚至不需要说服。

像"充电 5 分钟，通话 2 小时"这句经典的广告语，并没有企图给用户说清楚 5 分钟和 2 小时背后的科技原理，而且它也说不全，说不清。但它的厉害之处在于，它能瞬间说动用户。

"内文说动人"中的"内文"其实不仅仅指内文，很多时候还包括广告语、标题甚至是画面。因为很多广告是没有内文的，只有一句文案或一个画面。

"内文说动人"的核心策略是从对方的角度考虑问题，通过文案的力量获得信任，化解对方的潜在顾虑，让对方放心地选择你的商品、品牌和服务。

现年 73 岁的"华尔街之王"、美国黑石集团全球主席兼首席执行官苏世民在他的畅销书《苏世民：我的经验与教训》中说道："处于困境中的人往往只关注自己的问题，而解决问题的途径通常在于你如何解决别人的问题"。

我们在写文案的时候，不要只关注自己有什么，产品的核心卖点是什么，更要从为用户解决问题的角度进行深度思考，想想自己能为顾客带来什么价值、解决什么问题。很多时候，顾客想要的并不是你生产的"锤子"，而是墙上的那个洞。

我把"内文说动人"的方法总结为 5 种：畅销说动法、名人效应说动法、权威背书说动法、前后对比说动法、助推说动法。

畅销说动法

"畅销说服法"在我们的日常生活中几乎无处不在：我女儿从身后的书架上随手抽出一本《不一样的卡梅拉》，书的封面上印着一行烫金字"全球畅销 1700 万册",下面还配有五颗同样金光闪闪的星星;逛完书店,我们准备去超市买东西,电梯门刚打开,我们就看见猿辅导和波司登的广告在轮番播放,一个说"全国用户累计突破 4 亿",一个说"为了寒风中的你,波司登努力 44 年";就在电梯门关上的那一刻,广告画面上又出现一个女明星,双手高高举起一罐奶粉说道"飞鹤奶粉,高端销量遥遥领先";我们好不容易从电梯广告的轮番轰炸中逃出来之后,又路过一家味多美,门头上黄底黑字的灯箱刺激着我们的视杆细胞和视锥细胞,发出了"全国 380 家连锁"的超级信号;刚到超市,我们远远就看见香飘飘奶茶,想起了"一年卖出 3 亿杯,杯子连起来可绕地球一圈"的广告语。商家的各种"畅销说服法",让你想逃也逃不掉。

回到家后,我上网查了一下味多美的门店情况。虽说味多美在全国共有 380 家连锁店,但其中近 300 家开在了北京。显然,"全国 380 家连锁"是用了数字修辞法,将一个区域性品牌提升到了全国性品牌的高度。

这就是修辞法在实操中的巨大威力。

各级各类企业之所以如此钟情畅销说服法,是因为它确实能提高销量,而销量提高的背后是从众心理。

心理学家和科学家通过实验表明,即使面对一些错得离谱的事情,74% 的人也会从众。

明明天空中什么都没有,但只要你召集 5 个以上的人同时抬头看天，那么经过他们身边的路人，也会不由自主地抬头看天。这背后的原理，可以追溯到我们的祖先。

从进化论的角度来说，在远古时期，人们通过从众获得的收益远远大于遭受的损失。比如，在野外狩猎时，如果你身边的人都朝一个方向逃跑，那么你的最优选择是跟着大家一起跑，而不是调用你大脑中的"系统2"，考察一番该不该跑、为什么跑等问题。在很多情况下，在你不知道该怎么选择时，从众是最好的策略。在今天人们的很多购买行为中，依然如此。

当你看到"全国累计6亿用户使用""销量全国遥遥领先""已有8 667 899位用户购买"等广告语时，跟着大家一起买似乎是不错的选择。

从生理学上来讲，从众带来的直接好处就是节省能量。节省能量的背后是认知放松，一旦消费者认知放松后，品牌广告就很容易绕过消费者的大脑，进入他的潜意识，使他在不知不觉中采取选择或者购买行为。

名人效应说动法

对新品牌来说，快速打开市场的方式之一就是借助名人效应。将名人的背书嫁接到你的新品牌上，实现信任的迁移，让顾客觉得购买你的产品是得到"保证"的。名人代言有三个好处。

第一，光环效应。超级名人代言可以提高品牌溢价，这种溢价既可以是实实在在的财务上的溢价，也可以是内心认同上的溢价。

名人代言某产品时，很多粉丝会跟风选择这种产品。在淘宝、天猫等网店中，只要在产品图片上标注"明星同款"，瞬间就能激活消费者的多巴胺分泌。对消费者来说，只要和明星使用同款产品，就如同化身明星，整个人的气质也会不一样。

第二，名人就是流量。代言人的名气越大，带来的流量就越大。

第三，名人就是沉没成本。通过名人代言，可以向消费者发出持续经营、重视产品质量的信号。既然品牌方花了大价钱聘请名人来代言，那么意味着，他们是打算认真经营、长期经营的。

典型的像欧米茄（omega）手表的全球巨星"我的选择"代言系列广告。在这一系列广告中，除了大大的明星照片，通常还会有醒目的文案提醒你：欧米茄是詹姆斯·邦德的选择，欧米茄是好莱坞巨星乔治·克鲁尼的选择，欧米茄是奥斯卡影后妮可·基德曼 (Nicole Kidman) 的选择……

言外之意，既然这么多大牌明星都选择了欧米茄，那么它的质量肯定差不了。

当然，对很多大品牌来说，找明星代言是比较容易的事情，但对很多中小企业来说，这是一笔不小的费用。不过，我们可以采取"曲线救国"的策略。

像现在比较火的直播带货，品牌方只要交一点坑位费，就可以使用相关明星的肖像，这也是种非常不错的选择。

很多书籍的腰封上都会写上一些推荐人的名字，也是同样的道理。

权威背书说动法

不管你是理性的"经济人"还是感性的"社会人"，在"权威背书说动法"面前，你都是一个"新人"。

在《影响力》这本书中，作者罗伯特·西奥迪尼提到这样一种现象：即使是受过正规培训的医务工作人员，也会毫不犹疑地执行来自医生的明显漏洞百出的指示，比如，直接往病人的肛门里点眼药水。

小罐茶的广告采取的就是"权威背书说动法"，它的广告语写道："小罐茶，八位制茶大师手工制作，每一罐都是泰斗级大师手工制茶，小罐茶，2018年销售突破20亿"。

看到这则广告后，有些较真的网友就算了一笔账：按照广告所述，即使全年无休，平均每位大师每天要炒1466斤鲜茶叶，而一般的手工炒茶师傅每天只能炒30斤左右，顶尖的茶娘每天能炒40斤。这则广告中显然有不实之词，但它照样有效。

在现实的品牌营销中，"权威"就等同于超级信号，能够瞬间获得消费者的信任，说动他们进行购买。

前后对比说动法

这是一种很常用的方法，尤其文案和图片配合使用时，这种方法的说服力会瞬间加倍。

某非知名英语培训机构的教学质量非常好，老师也很专业，但导购无论如何也说服不了家长选择他们的课程。为什么？因为家长不信。

后来，他们采用了前后对比说动法，转化率一下子提高了很多。

他们具体是怎么做的呢？在征得家长同意后，他们把一些孩子第一次上课时讲英文的情景录下来，然后把这些孩子学习一周后、一个月后的情况录下来。最后，他们精挑细选了几组标杆案例，在前台的大屏幕上反复播放，还做了几组前后对比海报。尤其是录制了一些刚开始很内向、不敢大声说英语，经过一段时间的培训后变得更加自信、活泼的小朋友的视频。前来咨询的孩子家长看到这些宣传后，信任感增强了很多。

我们也经常会看到一些健身俱乐部、减肥产品等，都会采用这种前后对比法，来提高业绩。前后对比法的精髓是，前后差异要足够大，要能够到达说动的"沸点"。

助推说动法

今天我们常说的"助推"一词，很大程度上离不开2017诺贝尔经济学奖得主理查德·塞勒与卡斯·桑斯坦的著作《助推》这本书。用他们的话说，助推就是自由意志的家长制。

那么什么是"助推"呢？

简单来说就是，不用强制手段和硬性规定，却能保证目标群体同时收获"最大利益"和"自由选择权"，这股轻轻推动你做出最优选择的力量就是"助推"。

比如，颁布法令禁止食用垃圾食品不算"助推"，把鲜脆欲滴、物美价廉的新鲜水果呈现在人们眼前，让人们主动选择健康食品，才是"助推"。

在男洗手间中，经常会看到类似"向前一小步，文明一大步"的温馨提示，但大多收效甚微。直到有一天不知从哪冒出来的大神给小便池贴上一个苍蝇图案，男士们便会不由自主的瞄准苍蝇发起攻击，于是，尿到小便池外面的现象减少了80%（见图35）。

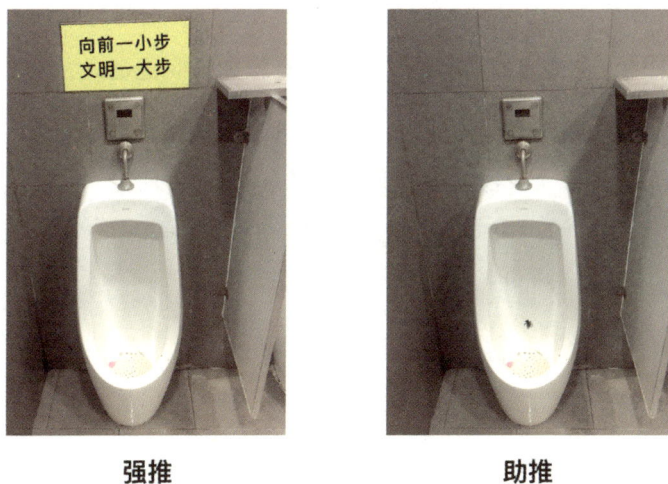

强推　　　　　　　　　　助推

图35　苍蝇图案的助推作用

资料来源：作者拍摄。

这个人就是埃达·凯布默，他说："这提高了男性行动的精确度。男性一看到苍蝇，便会产生瞄准的冲动。"这种苍蝇图案最早出现在荷兰阿姆斯特丹史基浦机场的男洗手间。这也是通过超级视觉信号（苍蝇）的刺激，引起潜意识反射行为的经典案例。

在实际的商业营销中，通过"助推说动法"大获成功的案例有很多，如连续会员包月、理财产品中的自动复投等，一个小小的助推，就能提高不少收益。其中很大一部分原因是人的惰性。

为了让大家养成阅读的好习惯，从宋朝的第三个皇帝宋真宗到联合国教科文组织，都花了很多心思。

宋真宗一生喜欢研究诗词，写下了流传千古的《劝学诗》，诗中的"书中自有黄金屋，书中自有颜如玉"更是成为了千古绝句。

1995 年，联合国教科文组织宣布 4 月 23 日为"世界读书日"。4 月 23 日是西班牙著名作家塞万提斯和英国著名作家莎士比亚的辞世纪念日。

《劝学诗》和"世界读书日"在一定程度上都取得了很大的效果。如果说《劝学诗》和"世界读书日"是"强推"的话，那么下面这篇《我害怕阅读的人》，就是一个经典的助推案例。

我害怕阅读的人

不知何时开始，我害怕阅读的人。就像我们不知道冬天从哪天开始，只会感觉夜的黑越来越漫长。

我害怕阅读的人。一跟他们谈话，我就像一个透明的人，苍白的脑袋无法隐藏。我所拥有的内涵是什么？不就是人人能脱口而出，游荡在空气中最通俗的认知吗？像心脏在身体的左边。春天之后是夏天。美国总统是世界上最有权力的人。但阅读的人在知识里遨游，能从食谱论及管理学，八卦周刊讲到社会趋势，甚至空中跃下的猫，都能让他们对建筑防震理论侃侃而谈。相较之下，我只是一台在 MP3世代的录音机；过气、无法调整。我最引以为傲的论述，恐怕只是他多年前书架上某本书里的某段文字，而且，还是不被荧光笔画线注记的那一段。

我害怕阅读的人。当他们阅读时，脸就藏匿在书后面。书一放下，就以贵族王者的形象在我面前闪耀。举手投足都是自在风采。让我明了，阅读不只是知识，更是魔力。他们是懂美学的牛顿、懂人类学的梵谷、懂孙子兵法的甘地。血液里充满答案，越来越少的问题能让他们恐惧。仿佛站在巨人的肩膀上，习惯俯视一切。那自信从容，是这世上最好看的一张脸。

我害怕阅读的人。因为他们很幸运；当众人拥抱孤独、或被寂寞拥抱时，他们的生命却毫不封闭，不缺乏朋友的忠实、不缺少安慰者的温柔，甚至连互相较劲的对手，都不至匮乏。他们一翻开书，有时会因心有灵犀，而大声赞叹，有时又会因立场不同而陷入激辩，有时会获得劝导或慰藉。这一切毫无保留，又不带条件，是带亲情的爱情，是热恋中的友谊。一本一本的书，就像一节节的脊椎，稳稳地支持着阅读的人。你看，书一打开，就成为一个拥抱的姿势。这一切，不正是我们毕生苦苦找寻的？

　　我害怕阅读的人，他们总是不知足。有人说，女人学会阅读，世界上才冒出如女问题，也因为她们开始有了问题，女人更加读书。就连爱因斯坦，这个世界上智者中的最聪明者，临终前都曾说："我看我自己，就像一个在海边玩耍的孩子，找到一块光滑的小石头，就觉得开心。后来我才知道自己面对的，还有一片真理的大海，那没有尽头"。读书人总是低头看书，忙着浇灌自己的饥渴，他们让自己是敞开的桶子，随时准备装入更多、更多、更多。而我呢？手中抓住小石头，只为了无聊地打水漂而已。有个笑话这样说：人每天早上起床，只要强迫自己吞一只蟾蜍，不管发生什么，都不再害怕。我想，我快知道蟾蜍的味道。

　　我害怕阅读的人。我祈祷他们永远不知道我的不安，免得他们会更轻易击垮我，甚至连打败我的意愿都没有。

- 160 -

我如此害怕阅读的人，因为他们的榜样是伟人，就算做不到，退一步也还是一个，我远不及的成功者。我害怕阅读的人，他们知道"无知"在小孩身上才可爱，而我已经是一个成年的人。我害怕阅读的人，因为大家都喜欢有智慧的人。我害怕阅读的人，他们能避免我要经历的失败。我害怕阅读的人，他们懂得生命太短，人总是聪明得太迟。我害怕阅读的人，他们的一小时，就是我的一生。我害怕阅读的人，尤其是，还在阅读的人。

让人立刻买

品牌营销的最终目的就是卖货：溢价卖，立刻卖，加速卖，一直卖。

这一步执行得怎样，直接影响到转化率。标题写得再好，文案写得再动人，只要这一步没有做好，也会前功尽弃，到头来"叫好不叫座"。而我们的广告，要先叫座，再叫好。

具体到实操方法上，可以从"引导下单、锚定效应、限时优惠、恨失效应"这四个层面入手。在这里我不做太多展开，在下文会结合具体案例进行讲解。

让人替我传

我们创作的文案，既是卖货文案，也是促使别人"替我传"的一个超级信息压缩包。只有做到这一步了，才能引发裂变效应，取得指数级的增长。

所以从一开始，我们就要带着这种战略思维来想广告语和文章标题，设计一句促使消费者"替我传"的话语。

最近，罗振宇在"启发俱乐部"里讲了一个震撼人心的文案卖货故事，带给我不小的启发。

说的是华为的陈盈霖向得到推荐华为云服务的事情。最终，罗振宇被对方说动，提出了两个合作条件：第一，陈盈霖或者同等水平的业务高手，要入职得到，帮得到做好服务。第二，华为云组织一个企业服务教练团，帮助得到把企业服务能力提高到一定水平。

结果当天晚上，华为的人就联系了罗振宇，敲定后续合作事宜。

策略思维的核心就是从对方的角度去思考问题。就像现年73岁的"华尔街之王"、美国黑石集团全球主席兼首席执行官苏世民在他的畅销书《苏世民：我的经验与教训》中所说的："处于困境中的人往往只关注自己的问题，而解决问题的途径通常在于你如何解决别人的问题"。

让我们用"快速卖货文案四步法"复盘一下陈盈霖的营销策略。

第一步：标题吸引人。虽然整个邮件的标题，我目前还没机会看到，但丝毫不影响这篇文章的吸引力，因为里面很多内容都可以当成标题来用。如"我们不是要'挣客户的钱'，而是要'帮客户挣钱'"这句话，就可以理解为一个足够有吸引力的标题。

第二步：内文说动人。这一步核心策略就是站在对方的角度思考问题，通过文案的力量获得信任，化解对方的潜在顾虑，让对方放心的选择你的商品、选择你的品牌、选择你的服务。陈盈霖的邮件看似风轻云淡，实则在步步紧逼，有节奏地说动目标客户。这也正是"修辞学"的厉害之处。

第三，让人立刻买。这篇卖货文案的高明之处就是采用"助推"的手法，通篇都没有催单，但却达到了比催单更好的效果。

这也是人性使然，卖货文案能不能卖货，就看你对人性洞察得深不深，尤其是你的目标客户的痛点。但凡卖货的文案，对人性研究的都比较透彻，也抓准了目标客户的痛点。

罗振宇不但当着现场所有观众的面，还以直播的形式，表达出强烈的买单意愿。虽然在博弈中，也提出了两个条件。我相信，这对于华为来说，根本不是啥问题。一定会得到完美的解决。

因为华为考虑的不是眼前的一锤子买卖，而是长期主义，终身搞定罗振宇这个客户，让罗振宇一辈子都在心里惦记着华为。大家看看，是不是刺激信号越强、引起的行为反射就越大。

不知道陈盈霖是不是也深入地研究过巴甫洛夫的"经典条件反射学说"和"两套信号系统学说"。无论怎么看，他给罗振宇的"药方"里，都有经典刺激反射的"味道"。

第四，让人替我传。这一步的关键是，把原本"向我买"的消费者转变成"替我传"的传播者或是"替我卖"的销售者，从而实现裂变式增长。在这个案例中，华为的这篇"卖货文案"，就引发了罗振宇的"替我传"行为，也引发我的"替我传"行为。

第三篇

替我传

08

"替我传"背后的
心理学原理

3M 裂变模型

替我传播我的品牌、产品、服务、价值、故事等能为我带来收益的事情。这种收益可以是物质的，也可以是精神的。

"替我传"的核心是把原本"向我买"的消费者，变成"替我传"的传播者或者"替我卖"的销售者，从而实现病毒式的裂变传播和爆发式的持续增长。我们举个例子。比如拼多多的策略，就是在用户"记住我"（拼着买更优惠）以后，在用户有了需求的时候，让用户主动地"替我传"（通过给亲朋好友发链接，替拼多多免费传播），并让用户的亲朋好友也"选择我"（选择拼多多 APP 和其推荐的拼多多产品）。用户的每一次购买，都能形成这样一个循环式的增长。这也是典型的 3M 裂变模型（见图 36）。

3M 裂变模型是基于持续为顾客创造价值的"战略增长 + 战略营销 + 品牌护城河"三位一体的战略营销模型。

曾让《蒙娜丽莎》火遍全球的方法

说起《蒙娜丽莎》，很多朋友都知道它是世界名画，是卢浮宫的镇馆之宝。我也曾特意去卢浮宫一饱眼福。但如果要问

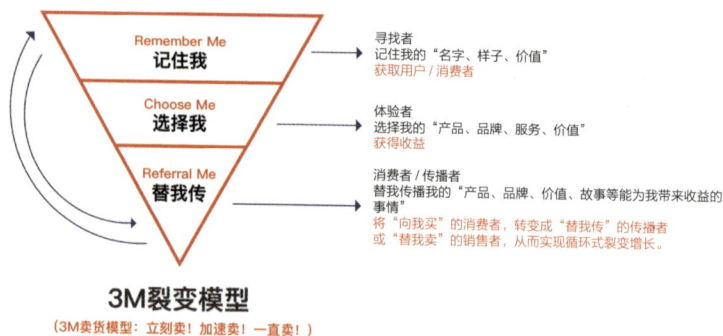

3M裂变模型

（3M卖货模型：立刻卖！加速卖！一直卖！）

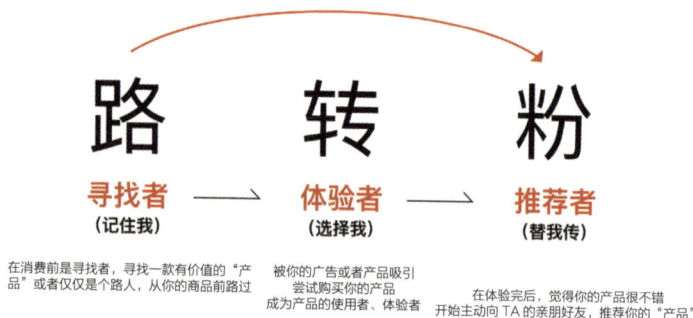

图36 3M裂变模型

资料来源：作者绘制。

《蒙娜丽莎》是怎么成名的，估计知道答案的人不会太多。要搞清楚这个问题，还要从一起震惊世界的盗窃案说起。

在1911年8月21日的盗窃事件发生之前，《蒙娜丽莎》在世人眼里只是很普通的一幅画，普通到丢失的当天根本没人发现。直到第二天，一个清洁工在打扫卫生的时候捡到一个油画框，于是便向专家请教，这才发现这个油画框是属于《蒙娜丽莎》的。于是整个卢浮宫瞬间炸锅了，大家回过神来才发现，原来在前一天，《蒙娜丽莎》就已经悄悄"出宫"了。

这个消息一经流出，各大报社的编辑瞬间就坐不住了，不光是在报道中各种添油加醋，甚至有不少报纸为了"博眼球"，还玩起了"恶搞"。对于靠嗅觉吃饭的各大报社来说，这个时候的"蒙娜丽莎"已经成了超级流量词，只要标题里带上这四个字，报纸的阅读量分分钟就能破 10 万。在各大报社推波助澜的狂轰滥炸之下，《蒙娜丽莎》被盗的消息成为轰动全社会的特大新闻。一夜之间，《蒙娜丽莎》红遍全国。这要放在今天的企业品牌营销中，想让全国人民都知道你的事情，不花费几十亿的广告费，想也别想。

于是，很多报社里闲不住的"段子手"纷纷出手。有的说是犹太黑手党偷走的，有的说是毕加索偷走的，还有的说是德皇威廉二世策划的盗窃。从巴黎到伦敦，从纽约到罗马，全球媒体的头版头条都是关于《蒙娜丽莎》被盗的消息。这还没完，《蒙娜丽莎》被盗的故事还被编剧们改编成了喜剧，在各大夜总会上演，相关喜剧经常是一票难求。当然，很多企业家也嗅到了其中的商机，比如，有个香烟公司就把此事当成了广告素材，结果香烟公司的香烟销量直线上升。据说，在《蒙娜丽莎》被盗后，光是每天慕名前来，只为看墙上挂画的那几颗钉子的人都络绎不绝，人们纷纷在卢浮宫排起了长长的队伍。

直到 1913 年，也就是被盗两年后，这幅被达·芬奇采用"无界渐变着色法"画就的人物微笑中带有 83% 的高兴、9% 的厌恶、6% 的恐惧、2% 愤怒的《蒙娜丽莎》，再次被挂到卢浮宫的墙上时，已成了名副其实的世界第一名画。当然，也毫无争议地成了卢浮宫里众多名画中最耀眼的一幅。

在 1962 年，《蒙娜丽莎》以高达 1 亿美元的保额，创下了吉尼斯世界纪录。2017 年，《蒙娜丽莎》的估值接近 8 亿美元。就像我们在第一章"记住我"的部分讲到的"名利"，所谓"名利"，名字的后面就是利润。《蒙娜丽莎》之所以能成为天价中的天价，世界名画中的名画，最关键的原因还是全球各大报纸和广大人民群众的"替我传"在发挥巨大的威力，一传十、十传百、百传千，从巴黎传到伦敦，从纽约传到罗马，从东京传到北京，将《蒙娜丽莎》传成了全天下人都知道的世界名画。

所以说，一个普通人能不能成为名人，一个普通品牌能不能成为超级品牌，主要取决于有多少人会"替我传"；一个产品能不能获得裂变式的增长，取决于有多少人会"替我传"，取决于我们能把多少"向我买"的消费者转变为"替我卖"的销售者。

那大家有没有想过，别人和我们非亲非故的，为什么要"替我传"？

我把其中的原因总结为 12 个字：社交货币、互惠互利、传播沸点。在《蒙娜丽莎》的传播链条里，仅仅只用了"社交货币"，就让《蒙娜丽莎》传成了全球第一名画。这 12 个字要是一起用，那威力得有多大。其实不光全球很多成功的品牌是这么干的，很多宗教也是这样发展起来的。只是这个"互惠互利"，并不一定非要是物质上的互惠互利，很多时候也可以是精神上的。这 12 个字，也就是下面我们要讲到的"引爆别人替我传的 3 个心理学原理"。

社交货币原理

品牌就是一种社交货币。

衡量你的品牌是否成为社交货币的方法之一，就是看有没有消费者愿意和你的商品合影、将照片分享到"朋友圈"。从这个角度来讲，耐克是，李宁不是（尽管李宁的 logo 看起来和 Nike 的 logo 很像）；茅台是，青花郎不是（虽然青花郎一直在标榜自己是"中国两大酱香白酒之一"）；星巴克是，瑞幸咖啡不是；苹果是，OPPO 不是。用我前面讲到品牌的 3 层定义"产品的牌子、企业和消费者的超级信号、赢得人心的道"来看，你就会发现，李宁、青花郎、瑞幸咖啡等，还都处在产品的牌子阶段；而耐克、茅台、星巴克、苹果、华为等，已经成功地赢得人心，进入了品牌的最高境界"道"的阶段。

道，就像是品牌无形的印钞机，社交货币就是其中的一个币种。

消费者购买的不是商品，是社交货币。

消费者购买的不是商品，是符号、是信号、是故事、是能够引起别人"替我传"的社交货币。消费者希望通过购买你的商品来替 TA 发送信号，从而引起人们的关注，获得社交货币。试想一下，女神们购买 LV 包包是为了装东西吗？帅哥们开着豪车去三里屯酒吧是为了代步吗？人们购买最新款 iPhone 是因为新款 iPhone 通话质量更好吗？都不是，所有这些行为，都是为了通过商品发送信号，引起别人的关注，从而获得社交货币。

哈佛大学的神经学家研究发现这样一个秘密，共享个人观点时的脑电波与获得财物和食物时的脑电波一样。这个发现恐怖吧。这就好比，你在昨晚的酒局上不知道豪饮了多少瓶茅台。早上清醒过来，你翻手机，忍不住找了几张带有茅台 logo 的照片准备发个朋友圈，就在按下"发送"按钮的这一刻，你的大脑产生的快感和再喝一瓶茅台所产生的刺激几乎完全一样。这也就是为什么我们的朋友圈里总有一些人在疯狂地晒娃、晒自拍、晒美食、晒书、晒鸡汤、晒肌肉。这些能让他人认同、羡慕、嫉妒、讨论的内容，都是社交货币。品牌在社交货币的推波助澜下，快速实现一传十、十传百、传遍全中国、传遍全世界。每一枚社交货币，承载的都是一份信任。

社交货币蕴藏的最大威力是口碑效应。通过社交货币，商家可以成功地战胜"信任不自传"这条恶龙，让信任以货币的方式口口相传、自由流动。营销的最高境界就是发动别人"替我传"。

在通常情况下，消费者的信息来源主要是硬广和软广，来自亲朋好友的软广是最有力的硬广，会对消费者的购买决策起到关键作用。科学家研究表明，当亲友向人们推荐产品时，人们大脑中负责理性评估的区域就会自动关闭，而负责"社交情感"的脑区却异常活跃。这个时候，人们用感性代替了理性。因为亲友在为我们推荐产品的时候，是在用他们的个人信用做担保，我们会直接把亲友的信用转嫁到产品上。而这和人们看到广告时的大脑活动完全相反，人们对广告具有很强的免疫力，看到广告时首先会进行理性评估，同时在潜意识里会排斥。而熟人的推荐，就可以轻轻松松的让商品绕过人们的大脑防线，直接引发购买行为。

互惠互利原理

利益驱动的方式有很多种，在这里我们主要聊聊在品牌营销中，非常重要且经常会用到的一种情感触动原理——互惠互利原理。

有一段时间我经常看到朋友圈有人发某外卖的链接，心想，这哥们儿是手机坏了，还是入职某外卖公司了。直到有一天，我在某外卖平台点餐付完款后才发现，这哥们儿手机肯定没坏、也没入职某外卖公司，而是被某外卖平台的互惠活动给驯服了。原来，在付完款后，手机屏幕会弹出一个小窗口，提醒人们分享此链接可得红包，直抵现金。这就是常见的通过互惠，让消费者"替我传"的一种。你再想想，拼多多的整个商业模式（社交＋电商）的地基，其实就是"替我传"。

互惠是人与人交往中最好的解。

当然，互惠是人的天性，人们天生不爱欠别人；互惠是礼尚往来，是我们人类的一种美德。对方帮过你一个大忙，或者请你吃了一顿大餐，你心里就老想尽快回请对方。要不然，你就要承受心理的压力。和这种潜意识中时刻存在的压力比起来，互惠才是最好的解。

交易的本质就是互惠。

在前面我们讲到商业的本质是交易，交易的本质是互惠，品牌的本质是降低交易成本。

要想通过品牌降低交易成本，我们先要战胜两条恶龙：一条是信息不对称，另一条是信任不自传。信任的传递需要互惠，对买方来说就是买的值，花钱买来的货物能带来预期的价值；对卖方来说就是卖得值，我的好货卖出了应有的价格。

正是因为有了交易，人们才能开始协作，人类文明才得以形成，人类社会才得以高速发展。如果没有互惠系统，人和人之间的信任就无法建立，没有信用体系，那基于信任的商业体系就无法形成，那样整个社会的交易成本就会非常高。

著名的考古学家理查德·李基曾说："我们能够成为人类，

是因为我们的祖先学会了在一个公平的互惠网络中分享他们的美食和技能。"他认为，人类之所以成为人类，完全要归功于互惠系统。

对消费者来说，最大的互惠就是商家专心把东西做好，让消费者花的每一份钱都物有所值。现实的情况是，很多商家不明白这一基本逻辑，花尽心思想弯道超车，想怎么通过互惠的方式裂变、拉新、搞流量池，结果最后落得一地鸡毛，其中最典型的就是瑞幸咖啡。一门心思搞流量池、裂变、发红包，互惠的手法一波接一波，层出不穷，却忘记了互惠的根基，忘记了好喝是咖啡的根本，商家照此继续下去，还不如改名叫"流量池咖啡"来的直接。

"分享赚钱"已经成为很多企业的标配，大到千亿美金市值的拼多多，小到路边的小饭店，都深谙通过互惠实现"替我传"的绝招。

拼多多的起手式，就是通过互惠"替我传"（用户发某款产品的链接给他的好友，让好友帮忙砍价）迅速获得大量种子用户，从而让拼多多在短短五年内成长为市值超千亿美金（2020年12月18日市值1831.76亿）的上市公司，其年平台交易额更是达到1万多亿人民币，拼多多也迅速发展成为中国第二大电商平台。也不知道黄铮同学这招"替我传"的砍价本领，是不是和老师"段菲特"学的。

如果你再稍微留意一下，通过互惠互利达到"替我传"的方式几乎是无处不在。你刷微博，商家会喊你做锦鲤，只要参与转发就有机会获得超值大礼；过春节，支付宝会喊你拉上亲朋好友"集五福"瓜分亿万红包；刷微信，你经常会看到朋友圈求赞的广告等。

传播沸点原理

传播沸点理论，其理论核心说的是，任何传播要想达到别人主动替我传的境界，传播素材都要达到"社交货币"和"互惠互利"的沸点，也就是达到峰值体验，把水烧开。正如小米创始人雷军所说："温水你哪怕做到 90℃也没啥用。唯有沸腾之后，才有推动历史进步的力量。"

在认知神经科学中，有一个专业名词管这叫"刺激阈值"，指的是释放一个行为所需要的最小刺激强度。19 世纪，出生于德国维登堡的生理学家恩斯特·韦伯发现，引起人们行为反射所需要的刺激变化量与刺激强度有直接关系。刺激越强，引起的行为反射就越大。为此，他还提出了一个著名的韦伯定律。即感觉的差别阈限随原来刺激量的变化而变化，而且表现为一定的规律性，刺激的增量（$\triangle I$）与原来刺激值（I）的比是一个常数（K），用公式表达即 $K=\triangle I/I$，这个常数叫韦伯常数、韦伯分数或韦伯比率。

简单说就是，如果你想通过社交货币或者互惠互利让消费者实现"替我传",那就需要你提供的"货币"或者"利益"的刺激足够强。很多企业的品牌营销之所以没有达到替我传的效果,就是因为提供的传播素材刺激强度不够,要么是"货币面值不够大",要么是提供的利益很鸡肋,根本无法刺激人们分泌多巴胺。

举个例子。比如说情人节这天,你带着女朋友去一家新开业的饭店吃饭,正准备结账的时候,服务员说:"帅哥,您本次总共消费200元,如果您拍张带我们店logo的照片并把照片分享到朋友圈的话,我们可以给您立减4元。"我想,你大概率会微微一笑,然后告诉服务员,我们还是按原价结账吧。结完账,你和女友还会议论这件事,你可能会说:"这服务员真逗,难道我们的一条朋友圈广告就只值4块钱?"这就是这家店留给顾客的第一印象。

你看,这就是利益驱动明显没有达到"替我传"沸点的情况,顾客也当然不会"替我传"了。正确的操作应该是这样,当你喊完服务员结账的时候,服务员走过来,并在不经意间拿出一朵玫瑰花送给你们,微笑着说:"祝帅哥和美女情人节快乐,您本次消费总共200元,我们新店刚开业,为了感谢您的照顾,现在您只需要拍张带我们店logo的照片分享您的朋友圈,我们会给您立减40元,您只需要付我们160元即可。"我想,这回你有超过99%的概率,毫不犹豫地掏出手机,拍两张美照分享到朋友圈。当然,你顺带还会把服务员送你们的玫瑰花也拍进去，并配上美美的文案。到这里还没完，服务员又掏出两张面值40元的优惠券送给你，微笑着说：欢迎帅哥和美女常来，这80元的优惠券，是我们的一点小小的心意，您下次来可以直接抵扣现金。

第二个操作是不是很厉害？这里不但熟练地运用了传播沸点理论，还三管齐下，先是用玫瑰花进行情感触动，再是给予直接打八折的利益驱动，最后更是来了一把峰终定律，为你们这次用餐，画上一个圆满的句号。这三招下去，不能实现"替我传"才怪，这家店生意红火也就顺理成章了。

在实际的营销中，很多时候我们都要打组合拳，拳拳到肉、环环相扣，从而深度绑定顾客，实现把陌生人变成熟人，把熟人变成客户，把客户变成信徒的目标。当然，实现这些目标的起点，就是找到传播的沸点，先把水烧到100℃。

09

让人们"替我传"的
四种方法

传播的本质，是提供一个让别人"替我传"的超级信号压缩包。这样才能产生一传千里、传遍中国的裂变效应。也只有经过品牌传播战略顶层设计的超级信号，才能达到这种效果，将企业的营销传播成本降到最低，才能实现传播效果最大化，才能产生品牌资产复利效应。

前面我们讲到超级信号由"超级视觉信号、超级听觉信号、超级嗅觉信号、超级味觉信号、超级触觉信号"五部分构成。在本节，我们主要讨论如何创作让别人"替我传"的"超级视觉信号"和"超级听觉信号"。要想达成这个目标，主要有四种方法。

第一种方法是把你想让人们"替我传"的信息，压缩到一个符号里！另外三种方法分别是把这些信息压缩到一个口号、一个名字里，以及嫁接到一个故事里。把握好这四个"一"，你就能创作出让别人"替我传"的超级信号压缩包。接下来，我们详细说说这四种方法的实战技巧。

把"替我传"的信息压缩到一个符号里

在这个实战案例中，我运用"超级信号四步法"（打破信息差、建立信任链、超级信号编码、发射超级信号）来给大家进行讲解。看完这个案例，你会对"战略定位、品牌战略、三王战略定位法、品牌寻宝、超级信号编码、媒介即信号"这几个知识点有比较系统、深入的理解。

超级信号四步法

第一步，打破信息差。

我们经常会遇到这样的情况：明明这个商品很好，可它就是卖不上好价，甚至是卖不动。这是为什么？从经济学角度来讲，核心原因就是信息不对称。你所有的好，只有你自己知道，顾客根本无从知道。换句话说，你能解决多大的信息差问题，你的企业市值就有多大。比如滴滴解决的是"司机和乘客"之间的信息差问题，美团解决的是"商家和顾客"之间的信息差问题，瓜子二手车解决的是"买家和卖家"之间的信息差问题。

著名的经济学家乔治·阿克尔罗夫曾深入研究了交易中的信息差问题，并在 1970 年发表了论文《柠檬市场：产品质量的不确定性与市场机制》，这篇论文为他赢得了 2001 年的诺贝尔经济学奖，他和其他两位经济学家一起奠定了"非对称信息学"的基础。他在论文中就特意举了一个二手车市场的案例。

在具体到实操中，最关键的一步就是找到信息差、打破信息差，跨越企业和顾客之间的认知鸿沟。经过调研我发现，当时的现代金控（现代支付）主要存在三大信息差问题。

第一，业务与战略之间的信息差。通常来讲，这种信息差就是把公司说小了，你明明是个"西瓜"，可在顾客眼中却是个"芝麻"。而这个"芝麻"的认知一旦形成，就很难改变。当时，外界对现代金控的认知还普遍停留在收单方面，他们觉得，现代金控只是第三方支付行业里排不上名号的收单公司，这与企业当时的现状严重不符。

第二，形象与实力之间的信息差。在我第一次与现代金控公司高层访谈的时候，对方曾自嘲说："目前公司的宣传资料拿出去，别人还以为我们是山寨版的'现代支付'"。顺便说一句，支付行业确实存在不少"山寨"的情况，比如有些代理商冒充支付公司，有些分公司冒充总部。现代金控虽然已经发展了9年，但外界对其却知之甚少。在调研中有不少人都是第一次听说这个公司，我也是在2018年年末，才第一次知道这个公司。

第三，品牌与认知之间的信息差。通过调研我了解到，在一些代理商心中，现代支付非常"高冷"和"佛系"，常对代理商"爱答不理"。这就形成了现代支付品牌与代理商认知之间的信息差。

以上，就是我在当时找到的三种主要信息差。那么如何弥补这些信息差呢？我给出的解决方案就是"三王战略定位法"。

带着这三种信息差问题，在对现代支付的资源禀赋进行了充分的分析之后，我得出了结论——现代支付应该采用"三王战略定位法"中的"新王"战略定位。新王战略的核心是，绕开行业中的"国王"和"王爷"，开辟一条新的赛道，成为这个新赛道的王者。也就是说，只有在你重新定义的赛道，你才有可能实现弯道超车，才有可能以最快的速度甩开对手、掌握主动权和定价权。为什么要采用这个战略定位？因为在这条赛道上，比赛规则都是你定义的。只要你坚持在这个赛道上勤奋耕耘，不东张西望、停滞不前，坚持三五年后，你就没有对手，而只有跟随者。

在此基础上，我提出"支付＋"的新王战略定位：支付＋能源（联动其集团公司"中国国际能源"进行产业协同发力）、支付＋出行（围绕其集团公司中能源加油站产业，加码"大出行"业务，实现 B 端和 C 端的协同作战）、支付＋金融服务（供应链金融、普惠金融、收单、互联网支付、跨境支付等金融服务），改变以往单一的第三方支付定位。

如果现代支付还是选择单一聚焦第三方支付的传统路线的话，将很难在与拉卡拉等第三方支付行业巨头的竞争中获得优势，传统路线带给用户和代理商的认知也是模糊的，最后传递给市场的形象也会是固步自封的跟随者形象。而采用"支付＋"这一新王战略定位，现代支付可以成功地避开和支付宝、微信支付、拉卡拉等行业巨头在红海中的正面竞争，从而形成自己的独特优势、也就有机会开创出一片属于自己的蓝海。在这片蓝海里，你掌握着绝对的控制权，整个游戏规则都将由你来定义。

我们可以结合迈克尔·波特的"五力模型"来理解"支付+"这一战略定位,这一战略定位的本质,就是通过一整套独特的经营活动构建起自己的护城河,再通过经营效率的提升和竞争战略从而获得竞争优势,最终实现综合成本和利润的双领先。在这一战略定位和这套独特的经营活动实施的第一年,现代支付的业务量实现了翻倍增长,由 2018 年的 5000 多亿元增长到2019 年的 1 万多亿元人民币,成为支付行业名副其实的"新王"。同时,现代支付也成功地绕开了支付宝、微信支付、拉卡拉等行业巨头,在顾客心智中成为独特的存在。

在战略定位的工作中,现代金控 CEO 李中冠给予了我全方位的支持和帮助,再次感谢李总和其团队。

我们来总结一下,"三王定位法"的核心是:通常在不改变企业"硬件"的情况下,根据企业自身的资源禀赋,仅仅通过战略定位的方式,就能让一家企业在顾客的心智中成为独特的存在,继而开创一片属于自己的蓝海,让企业成为该领域的国王、王爷或者新王。

也就是我常说的:要么成为第一,要么绑定第一,要么成为唯一。这世界,人们的关注 85% 以上都集中在第一和唯一身上。现代金控通过"支付+"的战略定位,不仅立竿见影地实现了业绩的翻倍增长,也让企业的品牌认知从之前的行业尾部一跃成为行业第一(能源+出行+支付,这是其他支付公司无法同时具备的资源禀赋)。现在,公司的高管出去谈业务,腰板都比以前直了很多。

第二步，建立信任链。

在这一步中，最关键的工作就是寻找让对方相信你、选择你的超级理由，将战略定位坐实。在具体操作方法上，我把它总结为"品牌寻宝"。也就是发现企业与生俱来的戏剧性，并把它最大化。品牌寻宝从"内部寻宝"和"外部寻宝"两方面入手。

品牌寻宝＝内部寻宝＋外部寻宝。

内部寻宝：主要从企业的发展史、创始人、产品、用户故事、护城河等几个方面寻找。比如第一章节曾讲到，DOVE 找到的宝藏就是其创始人的爱情故事。

外部寻宝：寻找适合自身的超级信号原型。比如在第一章节讲到的"白加黑"寻找到太阳和月亮这两个外部超级信号原型，马云找到《一千零一夜》中的阿里巴巴这个超级信号原型。

这一步，最难做到的往往就是取舍，它需要我们透过现象洞察本质，而这则需要战略眼光，我们不能只停留在三五年的眼前阶段，而要从 50 年、100 年这样的时间跨度来思考，从百年品牌来布局。

在经过多轮"勘探挖掘"后，我最终将眼光锁定在"8"和现代支付的英文"modern pay"上。这恰好也是现代支付与生俱来的戏剧性，是它的品牌 DNA，是藏在它身上的巨大宝藏（见图 37）。

现代支付原有logo

图37 将"8"和"modern pay"确定为视觉设计的戏剧性所在
资料来源：作者为现代支付提供设计方案。

8 这个阿拉伯数字，在国内外都非常有辨识度。看过《星球大战：原力觉醒》的朋友对于"BB-8"一定不会陌生，BB-8 的外形就是8。不光是成年人，就连还没上幼儿园的小朋友也认识这个数字。你之前可能并不知道现代支付这个公司，但当看到8 这个符号的时候，你可能会瞬间熟悉感。让一个新品牌瞬间成为大部分人都熟悉和喜欢的老朋友，这就是超级信号的威力。而在中国文化中，8 的发音与发（fa）相似，通过8，大脑很容易联想到发财，赚钱等金融属性，这就和现代支付的金融行业属性紧密联系上了。8 这个数字也是好运和吉祥的象征，北京奥运会开幕式都选择在 2008 年 8 月 8 日晚上 8 点 8 分 8 秒准时开幕。全球瞩目的奥运盛会都是以 8 为起点，由此可见 8 的非凡魅力。所以，当人们第一眼看到 8 这个符号的时候，大脑中的集体潜意识就会被瞬间激活，将我们的信号能量放大 100 倍，从而实现"1"大于"100"的传播效果。

我们的一切创作都要始终围绕着"解决信息差、建立信任感"这个最终目的。在一切传播中，我们要始终服务于"降低信号损耗、放大信号能量"这个最终目的。并且我们要随时回到原点思考，一切传播的思考，都是基于在传播过程中的信号"损耗"。

找到了合适的信号原型，接下来需要重点思考的就是，怎么让原型为我所用，成为我的私有品牌资产。将信号原型变为私有品牌资产的过程就是品牌嫁接，即把超级原型信号嫁接到我的品牌中，让超级原型成为我的私有资产。

第三步，超级信号编码。

一切传播都是信号的编码与解码，其具体原理和方法，可以结合我们在第一章节讲到的"超级信号记忆法"中的"编码、解码、储存"来理解，在这里不再赘述。在超级信号编码这一步，最重要的是如何把找到的超级信号原型和消费者大脑中已经存在的编码，进行重新解码和再编码，并把它私有化，使其成为我们专属的品牌资产。这一步，重点考验的就是我们"手艺人"的执行能力。具体到现代支付这个案例中，我们要完成3组超级信号编码：超级视觉信号编码，超级听觉信号编码，品牌资产信号编码。

以下是我为现代支付公司创造超级视觉信号编码的过程。

在具体执行的时候，我先让国际4A广告公司出身的设计师负责执行设计，发现怎么设计都差点意思，要么是美感不够、要么是信号能量不强。最终我决定亲自动手，现在应用的这个版本就是我设计的。

大家可以看到，之前版本的 logo，也有挖到 "8" 这个宝贝。只是对 "8" 这个符号的使用非常牵强，没有任何活力和戏剧性。"8" 是我要重点 "传承" 的品牌资产，我要将它与生俱来的戏剧性发扬光大，为它注入 "原力" 和活力，使它成为人见人爱的超级信号，并将这个 "8" 建设成为现代支付的超级品牌资产，就像麦当劳的 "M" 一样，为企业不断获得认知优势，带来源源不断的复利效应。

在现代支付的这个 logo 编码中，我压缩进了强大的信息能量和情感能量。在给现代支付的员工做品牌培训的过程中，我只需要讲一遍这个品牌设计的主要内容，就能有 90% 的听众记牢。

在图形部分，我采用了扁平设计，更适合当下的传播环境（如互联网、手机等），即使 logo 放的再小，也能瞬间识别。

logo 出来后，我做了大量的测试。去饭店吃饭的时候，我问饭店的服务员这是什么，他说是 8。走在大街上，我碰见清洁工，掏出手机，问您认识这个 logo 吗，起初，别人还以为我有病，解释是调研后，对方才露出可爱的微笑。回到家，我问三岁的女儿这是什么，她想都没想就告诉我："爸爸，这是 8 啊"。现代金控 CEO 李中冠的儿子在家里看到这个 8 字徽章也特别喜欢，当场就别在了自己身上，从此这个徽章就这样被 "扣留" 在了他家里。这就是前面说的，标志设计中第一个要考虑的就是认知成本和记忆成本，要达到绝大多数人都能认识的程度（见图38）。

图38 在视觉设计中强调"8"的元素

资料来源：作者制作。

在设计"8"这个超级符号的时候，我先是"叫醒"了现代支付之前 logo 中躺着的两个 8。你既然叫现代支付，就得有些"现代"精神，不能总是挂念躺着赚钱的"旧时代"。很多时候，你拼尽全力都不一定能赚到钱，哪能躺着不动。通过设计手法，我找了一个类似运动员向前（向钱）奔跑的动态角度，让这个"8"跑了起来。通过超级视觉信号传达全力奔跑的企业精神，这也就是 logo8 倾斜的原因（见图 39）。

图39 在视觉设计中增加动感

资料来源：作者制作。

说完图形部分，再说说现代支付中"支"字的编码。前面和大家讲到我为现代支付提出的新王战略定位是"支付+"，可以看到，这个战略也编码进了 logo 中的文字里，"支"字的上半部分由"＋"号组成，是企业战略的视觉化，只要大家看到这个 logo，立刻就能联想到现代支付的"支付+"战略定位。在业务员介绍公司的时候，通过一个标志就能将现代支付的战略讲得明明白白，也降低了沟通和传播成本（见图 40）。

图 40　在视觉设计中体现"支付+"的战略定位

资料来源：作者制作。

再看现代支付的英文"modern pay"，巧妙的将"8"和无限符号融入设计中，使它成为现代支付专有的品牌资产，寓意企业对客户的服务永无止境，对卓越的追永无止境，企业的发展也永无止境（见图 41）。

图 41　将"8"和无限符号融入视觉设计

资料来源：作者制作。

而这三个设计编码和谐地融合在一起，同时又主次分明。我给大家讲解的先后顺序，正是现代支付的品牌资产排序。排在第 1 位的就是名字和"8"，也是被大家第一眼就能解码的，再深入观察，又可以解读出"支付 +"战略和无限符号（见图 42）。

图 42　三个设计编码融合在一起

资料来源：作者制作。

接下来我们再说说颜色编码。每一种颜色都有它的心理学功效。现代支付的 logo，主要由红色、黄色和黑色组成。红色从物理学来讲，是波长最长的颜色，这就意味着在同等情况下，红色更容易引起人们的注意力。红色从心理学上来讲，能体现一个人的斗志。根据达勒姆大学的心理学家拉塞尔·希尔和罗伯特·巴顿对红色的研究，凡是佩戴红色护具的格斗者要比其他颜色的选手胜率高出将近 5 个百分点。假设整场比赛有 5 回合，最终胜率的差异可能会超过 33%，这对于两个实力相当的对手来说，往往是致命的。红色，在中国文化中也广受欢迎，比如我们的国旗就是红色和黄色。红色象征热情、喜庆，同时在中国的股市中红色又代表上涨，财富的增加。

黄色从生理学上来讲，能刺激大脑的海马体，对激活记忆十分有效。从心理学上来讲，黄色带给人一种乐观、幸福的心理暗示。黄色，在中国文化中，一直就具有财富的寓意和地位的象征，比如皇帝的龙袍主色都是黄色，金子也是黄色。同时，全球第二大信用卡国际组织万事达的 logo 也是红黄色，这样在国际的推广中，受众就很容易从 Modern Pay 联想到 Master Card，在消费者大脑中，Modern Pay 瞬间就和国际品牌关联起来，实现了借力（见图 43）。

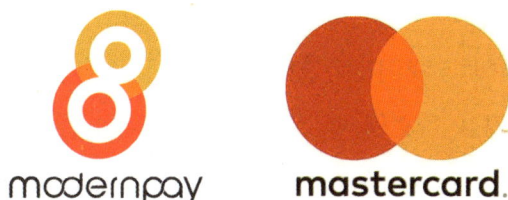

图 43　现代支付公司视觉设计的配色方案
资料来源：作者制作。

以下是我为现代支付公司创作超级听觉信号编码的过程。

我们要打破的第三种信息差就是"品牌与认知之间的信息差"。在被调研的 B 端客户中，不少人对现代支付的评价是"高冷"和"佛系"。随着调研的深入，我发现，在很多人看来，整个第三方支付行业都普遍缺乏相互信任和人情味，行业运作更多靠的是利益驱动，而代理商一不小心就会被"套路"和"收割"。

结合"支付 +"的战略定位，我建议把"+ 信任、+ 温度"

放在品牌层面的统领地位。追本溯源，金融的根是信任，品牌的本质是以低成本的方式让信任在人和人之间传递。在这样的背景下，我提出了"现代支付，让支付更有温度"这句广告语，也就是现代支付的超级听觉信号。而在这句广告语背后，则寄托着公司对品牌的期待。我希望，现代支付能为这个行业注入温度，在企业和合作伙伴之间、企业和用户之间、企业和员工之间、企业和监管层之间，一传十、十传百、百传千，传遍整个行业，就像一棵树摇动另一棵树，一朵云推动另一朵云，一盏灯点亮另一盏灯，用温度点亮更多人心，用温度获得更多信任。

与此同时，我们还为现代支付设计了吉祥物"小金"，并进行了系列 IP 和文创产品的开发（见图 44）。通过"助推"的方式，逐步扭转其在客户心目中的"高冷"形象，深化"现代支付，让支付更有温度"的品牌认知。

以下是我为现代支付公司创作超级品牌资产信号编码的过程。

在第一章节的其中一篇文章《如何用一个信号，让人快速记住你一大堆优势？》中，我详细地讲解了现代支付超级品牌资产信号编码（101222371.2）的创作过程。通过这个编码，我们很好地解决了在第一步中提到的"形象与实力之间的信息差"问题。这组信号编码一经问世，便被发布在其官网和众多媒介上（见图 45）。

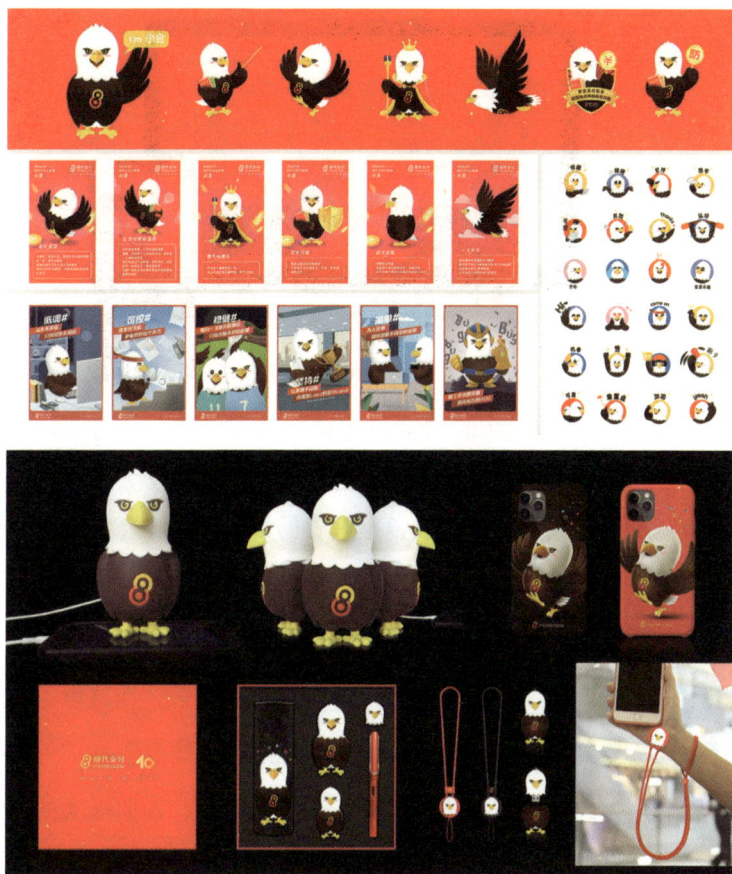

图44 吉祥物与IP和文创产品

资料来源：作者制作。

至此，现代支付的三组超级信号编码就完成了，接下来最重要的工作就是发射超级信号。

第四步，发射超级信号。

媒介即信号，媒介本身就是信号的一部分。

图 45　官网与手机客户端界面

资料来源：作者制作。

在发射超级信号的时候，最重要的部分就是媒介的选择。不同的媒介发出的信号能量千差万别，有的媒介能把信号能量放大 100 倍、有的媒介则会把信号能量缩小 100 倍。详细内容在本书第一章的"信号能量"部分有详细的讲解，在这里不再赘述。具体到实际操作中，我们可以从"内部媒介"和"外部媒介"两方面入手。媒介的选择和投放的策略，需要极大的智慧。做不好的话，即使砸下大笔资金，也可能连稍许涟漪都看不到。

典型的例子是，在 2018 年世界杯期间，很多品牌花了大价钱进行大手笔的媒介投放，其中绝大多数都成了炮灰，没有激起一点点浪花。但也有成功案例，而其中信号效果最强的当属华帝的"法国队夺冠，华帝退全款"的媒介组合拳神操作。华帝用很少的媒介费用，达到了轰动各大新闻媒体和全民热议的超级效果。关于这个案例，我还在世界杯结束当天，专门撰稿点评。想了解详情的朋友可以关注"跨界创意营"公众号，搜索"法国队夺冠华帝退全款的创意，原来是他搞的！"这篇文章。

在开往百度总部的 2018 年艾菲奖评审现场的大巴上，我和此案例的操盘手郑大明（业内人称"大总"）再次聊到这个案例，那时我才知道，他为了做好这个项目，累到背都驼了。这里再次向大总的大创意致敬（见图 46）。

图 46　与郑大明合影

资料来源：作者拍摄。

让我们再回到现代支付的超级信号发射上。当时，我根据企业自身的实际情况制定了相关方案。在品牌升级阶段，现代支付通过《中国经营报》《四川省支付清算协会》等外部媒介和内部媒介进行了超级信号发射。

以上，就是一个超级信号诞生的完整案例，也是把别人"替我传"的信息压缩到一个超级信号中的完整案例。这个案例，通过超级信号完美地解决了现代支付"业务与战略之间的信息差，形象与实力之间的信息差，品牌与认知之间的信息差"这三大问题（见图47）。

图47　王宏伟给现代支付员工做品牌战略培训
资料来源：作者拍摄。

把"替我传"的信息压缩到一个口号里

广告语的本质在于，通过超级口号解决买卖双方之间的信息不对称问题，降低企业营销传播成本，降低消费者的选择成本。

降低企业营销传播成本：好记、好传、替我传

比如我为钱包生活创作的，"钱包生活，精彩生活多一点"这句超级口号（见图48），把钱包生活的核心价值都压缩进

去了。对 B 端商户来说，钱包生活带给他们的是，顾客多一点、补贴多一点、收益多一点、利润多一点、精彩生活多一点……对 C 端用户来说，钱包生活带给他们的是，优惠多一点、美味多一点、惊喜多一点、甜蜜多一点、精彩生活多一点……

图 48　钱包生活口号

资料来源：作者制作。

一句广告语，只要听上几次，基本都能记住，能让人记住，就成功了一大半，记住的人越多，被选择的概率就越大。能让人记住，也就意味着消费者在有了此类需求的时候，大脑中首先浮现的就是你。总的来说，这一块的内容在"记住我"和"选择我"章节中有详细的讲解，在这里我们点到为止。

降低消费者的选择成本：解决信息不对称、信任不自传

通常情况下，买家掌握的信息都远远少于卖家，所以对买家来说最难的事情就是选择，有时买家不得不考虑，如何选择才能使自己少吃亏。而一个好的广告语，能极大地降低消费者

的选择成本，就如同黑暗中的灯塔，为消费者指明选择方向。

比如在二手车交易市场中，信息不对称的情况就非常突出。对二手车买家来说，他们最关心、同时也是最经常遇到的问题有两个：第一，卖家车子质量的情况不透明（比如有没有大修过，车子有没有被水泡过等等，因为二手车不像一手车，有问题可以找厂商）；第二，卖家的报价情况不透明（中介有没有故意抬高卖家的报价，赚取高额差价）。

对卖家来说，最关心的则是买家的出价信息。这种严重的信息不对称，带来的后果就是买家和卖家之间的信任无法建立，双方要付出巨大的交易成本。买家选得难，卖家卖得难。有可能发生的极端情况是：任卖家说得如何天花乱坠，买家就是不相信，而买家为了降低风险，唯一能做的就是压低出价。作为卖家肯定不干，明明我给出的车辆信息已经很透明了，为什么买家却只给这样的低价。如此几个来回下来，高价的好车，就被赶出市场，最终出现"劣币驱逐良币"的情况。

于是，瓜子二手车从这一市场痛点出发，携手孙红雷，喊出"没有中间商赚差价，买家少花钱、车主多卖钱"的广告语，旨在告诉消费者，在瓜子二手车平台上，买卖双方的价格信息都是透明的。这条广告喊出一年后，瓜子二手车平台上的交易量就遥遥领先，喊出三年后，瓜子二手车迅速成为行业第一。

瓜子二手车的 CEO 杨浩涌曾公开说："'没有中间商赚差价'，仅这句话就价值 10 亿美元。"不过，据媒体报道，早期瓜子二手车每年投入 10 亿人民币的广告费，用这句话给买卖双方洗脑。所以说，广告语再好，企业如果没有压倒性的媒体投放，广告效果也可能只是个零。而作为后来者的易车，喊出了"价格全知道，买车不吃亏"的广告语，同样也采用明星代言的方式进行了压倒性的媒体投放。这句话的背后，也是为了解决买卖双方信息不对称的问题。没过多久，易车就实现了美股上市。

把"替我传"的信息压缩到一个名字里

为什么改个名字，产品销量就会暴涨

提起云冠橙，可能没几个人知道，说起褚橙，大多数人都不陌生。同样的橙子，在最初上市的时候名叫"云冠橙"。用这个名字就相当于靠一己之力裸飞的"鹪鹩鸟"，再怎么努力，结果都是销量惨淡，严重滞销。这也是许多企业面临的问题：信息不对称。明明是质量很好的产品，可就是卖不动。因为产品所有的好，都只有你自己知道，消费者无从感知，自然也就无法建立起信任，也就无法发动消费者进行大规模地购买，也就自然没有多少人会"替我传"。

在第二年上市的时候，"云冠橙"进行了全方位的品牌升级和营销布局，最主要的变化是，名字改成了"褚橙"（褚时

健种的橙子）。神奇的化学反应发生了，褚橙一夜成名，火便全网，仅仅5天时间，20吨橙子便销售一空。八旬老人褚时健历时十年开荒种橙子的故事更是感动了千万网友，引发了包括柳传志、潘石屹在内的企业家纷纷"替我传"。随后，褚橙被人们称为"励志橙"。

在褚橙这个案例中，褚时健就是云冠橙的巨人之肩，通过褚时健强大的"气流"让褚橙这个"信天翁"，迅速飞遍全国，飞进千万消费者的购物车。为什么会取得这样的效果？难道仅仅是因为换了个名字吗？俗话说，外行看热闹，内行看门道。"褚橙"这两个字可谓是大有门道，我给大家做个简单的分析。

对于很多人来说，第一次听到褚时健这个名字的时候，并没有太多感觉。但在褚时健前面加上"红塔集团原董事长"这8个字的时候，神奇的化学反应就发生了，"红塔集团原董事长褚时健种植的橙子"，这几个字瞬间激活了亿万消费者大脑中关于红塔集团的集体潜意识，消费者大脑中此刻会飞快地闪过熟悉的印象。褚老原来曾是一代"烟草大王"，是"红塔山"品牌的掌舵人，人们不由得在心中给出一个大大的赞。这一刻，褚橙这个新品牌就和褚时健的个人品牌紧密的联系在一起，将过往存储在亿万烟民脑海中关于"玉溪""红塔山""前红塔集团董事长褚时健"的无形品牌资产通过"褚橙"这样一个有形的产品给体现出来了（见图49）。

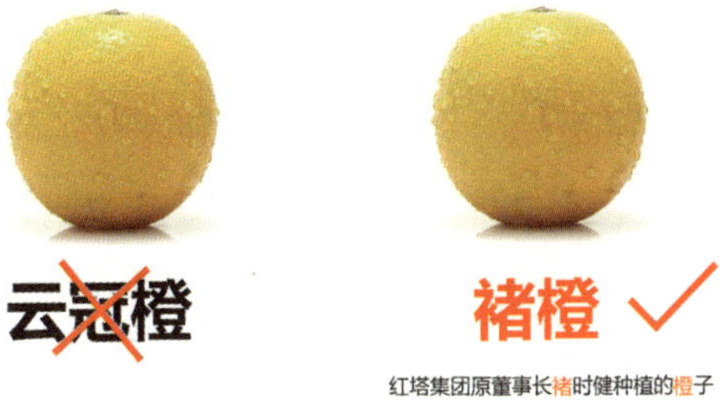

图49　"云冠橙"改名为"褚橙"

资料来源：作者制作。

　　所以，褚橙这个名字从诞生的那一刻起，就相当于注入了褚时健和红塔集团几十年的品牌资产。而"云冠橙"这个名字的品牌资产几乎是零，这是褚橙大卖的核心原因。时至今日，褚橙每年仍在不断地支取"褚时健"个人品牌资产的利息，连续几年销售过亿。从褚橙的例子我们可以看出，找一个巨人的肩膀是多么的重要，一个名字甚至直接关系到企业的存亡。

　　我们做个总结：褚橙的故事，是一个把"褚时健"和"云南红塔集团"的品牌资产压缩进一个新品牌名称中的经典案例，也是个人品牌 IP 资产如何变现的一个经典案例。当品牌名称能有效传达其给人们带来的独特价值时，就会成为让人们"记住我、选择我、替我传"的超级口号。

如何取个好名字

　　关于如何为品牌取个好名字这个问题，我总结出"品牌4大命名法"：超级信号原型命名法，品牌资产命名法，愉悦感命名法，切割命名法。

（1）超级信号原型命名法

关于"超级原型"的话题，本书中已经做了相当多篇幅的论述，归根结底就一句话：通过超级原型降低企业的品牌营销传播成本，让一个新品牌瞬间成为人们熟悉的老朋友。像阿里巴巴、苹果、小米等名字，采用的都是超级信号原型命名法。

（2）品牌资产命名法

该方法，是将所有的子品牌都统一到同一个母品牌之下，形成品牌合力，让母品牌为新品牌赋能。这样做最大的好处是，把母品牌建立起来的品牌资产瞬间就注入到子品牌中，为新品牌节省了巨大的广告营销费用。比如像百度系的产品，百度APP、百度地图、百度贴吧、百度视频、百度新闻等。

（3）愉悦感命名法

顾名思义，就是通过名字给人们创造一种愉悦感。像可口可乐、百事可乐、好投、招财贷、娃哈哈、喜茶等。

（4）切割命名法

根据战略定位和母品牌进行切割，从名字上划清界限。比如小米推出的Redmi，为了摆脱红米的低价位印象，将Redmi和小米、红米进行了品牌切割；百度金融更名为度小满，就是为了和百度这个母品牌进行切割。

子品牌如何命名

2020 年 10 月 6 日，来自微软官方的一则消息表示，Bing 这个被微软"抛弃"了 11 年的"野孩子"，终于回到了母亲"Microsoft"的怀抱，更名为 Microsoft Bing。这背后的策略就是典型的母品牌命名法，也是我所说的品牌资产命名法。

写到这里，我突然想起了在《权力的游戏》这部神剧中，众多在外流浪的"野孩子"，没有任何家族名分的光环，只能依靠自己的实力打拼。比如像剧中的男一号琼恩·雪诺是临冬城公爵艾德·史塔克的私生子，剧中的铁匠詹德利是七大王国统治者暨全境守护者劳勃·拜拉席恩国王的私生子。没有家族名号的加持，这些人注定要付出巨大的努力才能获得认可。如果你恰好也和我一样追过这部神剧的话，你一定对剧中的男二号"小恶魔"提利昂·兰尼斯特的印象非常深刻。他虽然身材矮小，不受父亲认可，但在兰尼斯特家族光环的加持下，走到哪都是人们的座上宾。

和权游中这两位"野孩子"的命运不同，在与微软品牌分离 11 年之后，Bing 获得了家族的加持。对 Bing 的回归，微软为其操办了盛大的欢迎仪式，全球众多顶级媒体纷纷鼓掌道贺。微软当即表示："今天开始，大家将看到我们的产品重命名为 Microsoft Bing，这代表了横跨整个微软家族的搜索体验的持续整合。"这句话的意思是：微软意在强调 Bing 已经不再只是单纯的搜索引擎，而是微软旗下的一个完整搜索服务，除了之前的搜索引擎业务，Bing 同时还为 Microsoft Edge 浏览器中的搜索、Windows 10 任务栏上的快速搜索、Microsoft 365 中的工作搜索场景、《微软模拟飞行》中的沉浸式游戏等提供支持。

好了，我们接着聊"子品牌命名方法"中的两大核心方法：品牌资产命名法（又称母品牌命名法）和切割命名法。

品牌资产命名法。采用品牌资产命名法最大的好处在于，子品牌在一出生的时候就能获得母品牌的品牌资产，也就能极大降低消费者的选择成本、企业的营销传播成本，在产品上也更容易形成规模效应。比如麦当劳在国外大多都是采用"Mc"母品牌系命名法，如 McCafe、McChicken 等，到国内市场继续沿用这套策略，比如麦咖啡、麦香鸡、麦满分等。苹果的产品，也采用了典型的品牌资产命名法，苹果旗下产品的品牌名称基本都是 i 开头，像 iPhone、iTunes、iPod、iMac 等。

切割命名法。采用切割命名法的原因主要有以下两点。

第一，子品牌和母品牌的产品定位，或者价格差异较大。有的子品牌可能是高端品牌，比如丰田推出的高端车"雷克萨斯"，就采用不同于母品牌的全新名称。有的子品牌可能是低端品牌，如果继续采用母品牌的名字会拉低品牌身价，比如苹果用"SE"这个尾标，成功的解决低价 iPhone 的命名问题。

第二，子品牌的业务属性，存在巨大的不确定性。这里面涉及的原因比较多。其中比较重要的一个原因就是，业务未来的合规性和监管的不确定性。尤其是一些涉及金融业务的公司。这种命名法通常是为了防患于未然，降低未来可能发生的连带风险，避免一损俱损的局面出现。尤其是对于一些大的上市公司，一旦子品牌出现危机，将会直接引起股价的波动，公司少则损失几个亿，多则上百亿。

比如百度金融、京东金融在早期采用的都是母品牌命名法，在一段时间后都进行了更名，百度金融更名为"度小满"，京东金融更名为"京东数科"。顺带说一句，从"蚂蚁金服"最先与"阿里巴巴"母品牌的切割，再到近期更名为"蚂蚁集团"，无外乎也是这个策略。

什么时候换名字合适

在"子品牌如何命名"中我们讲到，有一种更名是为了降低母品牌的风险，可以说是不得已而为之的更名。与被动的情况相反，还有一种情况是主动出击，根据企业战略、竞争格局的变化而更名。比如像"58速运"更名为"快狗打车"。

快狗打车在更名前叫"58速运"，它借用了母品牌"58"的品牌资产，让消费者快速记住，按常理说符合我之前说过的命名法。但问题是，你到底想让消费者记住"你是谁？"，还是你能为我提供哪些独一无二的核心价值？

我之所以觉得，"58速运"这个名字还有值得商榷的地方，主要有两个原因：

首先，一旦带上"58"这顶帽子，就很难在消费者心目中摘掉 58 速运是 58 同城子业务、子频道的认知。因为在 58 同城的推广中会有太多类似 58 速运的平行子栏目，在母体这样的掩护下，58 速运很难在消费者心目中变的高大起来，它带给人们的想象空间也会非常有限。

其次，速运让人联想到的是物流公司，而在这个领域巨头林立，消费者联想到的首先会是顺丰速运、京东物流、菜鸟物流这样的巨头。而 58 速运和这些巨头根本不在一个量级上，即使它再怎么努力，也很难在消费者心智中留下第一梯队的印象。

而改名为"快狗打车"，摘掉 58 的帽子，穿上"打车"的外衣，消费者在潜意识中就会把"快狗打车"和"滴滴打车"挂钩，让"快狗打车"在消费者的心智中建立起打车平台的定位。而"快狗打车——拉货、搬家、运东西"的广告语，又能很好地和滴滴打车形成区隔，让快狗打车的主营业务一目了然。

为什么说名字就是战略

快狗打车从之前 58 同城子频道的物流平台，转到了前景更为广阔的个人带货出行市场。从战略上讲，从"物流"到"出行"的场景切换，可谓是开辟了一条崭新的赛道。而在这个赛道里，你就是消费者心目中的首选。品牌的更名，不是简单的换个名字就完事，而要切合企业品牌营销的顶层思维，要和企业的战略紧密结合，要系统性思考。

把"替我传"的信息嫁接到一个故事里

LV 卖的是什么

对于消费者来说，他们买的是 LV 的 logo 和符号；而对于 LV 来说，企业一直在卖的却是旅行。这就是典型的举高打低，这也是奢侈品品牌广告的高明之处。为达到"售卖旅行"的目的，LV 集结全球顶级资源，推出了"旅行的意义"广告片，该广告片一经播出便大获成功。旅行，一直是 LV 不变的主题，更有意思的是，"LV"和汉字"旅"在键盘上的拼音打法竟然相同，这岂不是 LV 与生俱来的品牌戏剧性么？可惜的是，LV 的营销团队没有把握住这个超级引爆点。

往大的说，生命是什么？生命本身就是一场旅行。LV 的品牌故事就是一场生命旅行的故事。远方是一个足以让任何生命都为之着迷的地方，而旅行会指引我们走向远方。生命的过程就是一段奇妙的旅程，生命创造了旅行，旅行又成就了生命。一人一个 LV 旅行箱，它伴随着我们的生命一起行走，一起奔赴旅程。这就是一个人和一个 LV 旅行箱的故事，是每个人追随内心的诗与远方的故事，也是每个人和 LV 独一无二的品牌故事。如果让我来操刀这个项目，我会在这个品牌视频的标板加上一个"旅"字，把这个字打造成 LV 独有的超级品牌资产。

如何创作出播放量近亿的短视频

2013 年，是我职业生涯的一个转折点。为什么这样说呢？因为在 2013 年之前，我都是在广告公司工作，所服务的企业，大多都是多少有些名气的品牌，比如奔驰、宝马、沃尔沃、大众、中国银行、中国工商银行、中国民生银行、友邦保险、新华保险、中国航空集团等。在广告公司工作的十年中，我多多少少也帮公司赚了一些真金白银，大大小小也为公司赢得过一些客户，顺带也为公司捧回了几十个创意大奖，还亲手把两家广告公司带进了"中国广告公司创作实力 50 强""中国创意 50 强"。

但我忍不住去思考一些问题，我的创意到底为客户创造了多少实际价值？这些价值能被量化吗？甲方企业又是如何看待这些创意的？当我正带着这灵魂三问，在大北京朝阳区 CBD 的某广告公司埋头工作时，我的手机突然响了，海淀区西二旗的百度从电话那头抛给我一个橄榄枝。于是，我第一次跳进了 BAT 甲方市场部的战壕，开始了由小我到大我的蜕变，由广告创意人向品牌营销人的转变。

下面和各位朋友分享的这个案例，是我入职百度后操刀的第一个项目，对我的重要程度可想而知。毫不夸张的说，当时我几乎是把平生所学都用在了这个项目上。为了使项目的成功概率更大一些，我在后期制作公司加班一周。因为时间紧、任务急，要赶在十一之前上线传播，几乎是屁股坐到凳子上就没时间离开。以至于我的屁股第一次因为坐凳子坐太久给坐肿了，6 年过去了，我到现在还有后遗症，一旦坐的时间太长屁股就会肿。

下面我来具体聊聊这个案例，看看我是如何把别人"替我传"的信息压缩在一个故事里，并被众多明星和网友疯传。

说起百度地图，想必大家都比较熟悉，它如今已经是国民级的超级 APP。不过，百度地图当时的版本，还不像今天这样，有这么多的语音导航彩蛋可供用户玩耍。在很多用户的心智中，地图 APP 只是一款出行工具，很难和人们有情感上的关联，它绝大多数时间都是静悄悄地躺在用户的手机中，只有在急用的时候，才会被叫醒，用完之后，又继续接着睡。如何为百度地图注入情感力量，和用户建立情感连接，这是我那时面临的主要挑战。当时，我们通过调研发现，百度地图 APP 已经成为很多用户必备的出行工具，在用户和它之间，发生了很多有趣的故事，而樊蒙的故事就是其中之一。

这个生于 1986 年的北京小伙，在 2012 年 7 月 9 日辞掉了工作，又在 7 月 11 日从北京出发，用轮椅推着因从小患小儿麻痹而常年瘫痪的妈妈，徒步走向西双版纳。历经 3 个月，途经 3359 公里，他们母子二人终于在 10 月 12 日下午 4 点抵达西双版纳。他们娘俩这一路上充满了坎坷，有很多次都差点迷失方向，幸亏樊蒙的手机中安装了百度地图 APP，让他们少走了不少弯路。

其中有一次，因为下雨，加上沿途风吹日晒的劳累，樊蒙突然晕倒了。向来坚强的母亲，双眼忍不住直掉眼泪，她的心里此时只有一个念头，马上带着儿子飞奔进医院。但是她人生地不熟，语言交流也不畅通。好在，最终她通过百度地图找到了离樊蒙最近的医院，化险为夷。这一路上，类似的感人故事还有很多。

讲到这，故事的脉络已经非常清晰，和百度地图的关联也很紧密。对我来说，剩下考验的就是手艺人的功力了。广告公司的动作很迅速，在我给广告公司梳理好故事大章，确定好执行方向后，他们没用多长时间就给我提供了初剪版的片子。结果，看完样片之后，你猜怎么着？我整个人当场心情就不好了。

初来乍到，亲自操刀的第一个项目不能就这水准吧，这怎么看也不像拿了很多创意大奖的创意人应有的水平。我于是就和广告公司摊牌了。第一个版本的视频主要按照广告公司的思路制作，所以我耐心与他们沟通。

我告诉他们，视频还有很大的提升空间，我和对方又是写邮件又是打电话，一五一十地交换意见，比如哪些画面要重新剪辑、哪些文案需要重新写、哪些音乐节奏不对，等等。广告公司的小伙伴听完我的修改意见后，就像我当时看完初剪版本视频的感受："按照您这意思来看，整个片子几乎都要重新拍摄了？"我说："那我们还有别的补救措施吗？"广告公司也很给力，二话不说，公司的王老板带着几员得力干将又从北京杀到云南，进行补拍。

从事广告或营销行业，尤其是视频项目，就和五星级饭店的大厨做饭差不多。该买的菜，服务员都买来洗干净了，能不能做出色香味俱全、叫座又叫好的美味佳肴，就看这位大厨的本事了。

于是，在我给自己施加的重压之下，便有了前面提到的在广告公司奋战一周的剧情。那真是黑白颠倒的一周，我每天都在和时间赛跑，因为要赶在十月一日前上线开始传播，半天都耽搁不起。期间，整个片子反复推倒重来，剪辑了不下十个版本，所有的文案都是我在后期公司一个字一个字打磨出来的。当然，除了片子本身外，耗时最长的还要数《别让爱你的人等太久》这个名字了。当时为了给这条视频想个合适的名字，我前前后后想了不下 100 个方案，直到上线的前一天才最终敲定（见图 50）。

广告公司当时一直力推《在路上》，考虑到和地图产品的关联性、品牌延展性、情感诉求和整体传播策略，在经过几次激烈讨论，综合比较下，公司最终采用了《别让爱你的人等太久》这个名字。和《在路上》比起来，《别让爱你的人等太久》的名字本身就包含着巨大的情感能量，能一下子引爆大众脑海中关于爱的集体潜意识。

图 50　百度地图品牌形象微电影《别让爱你的人等太久》

资料来源：作者制作。

事实证明也确实如此，杨幂、刘恺威等明星在转发的时候，直接用的就是"别让爱你的人等太久"这几个字，不多一个，也不少一个。"替我传"的核心就在于，当我们创作一个别人"替我传"的素材后，最好让别人可以直接原汁原味地引用。这样才能放大信号能量，才能实现一传十、十传百、百传千，进而传遍全中国，而百度地图宣传视频《别让爱你的人等太久》就是这样的超级传播素材。

这九个字，当时还引发了正处在爱情长跑中的杨幂和刘恺威二人的粉丝们的大猜想，让我们回顾一下当时的情况：

2013 年 9 月 27 日，杨幂在新浪微博催泪转发百度地图品牌视频，并配上"别让爱你的人等太久"和两个泪奔的表情符号，网友猜测这是杨幂在向刘恺威逼婚。作为回应的刘恺威，于 9 月 28 日，在新浪微博也转发了百度地图官方微博的这支视频，转发语同样是"别让爱你的人等太久"，唯一不同的是，刘恺威配了一个害羞的表情，网友猜测这是刘恺威在向杨幂求婚。

这一前一后极具戏剧性的操作，引起了广大粉丝和网友的热议，将《别让爱你的人等太久》又推向了一次新的互动传播高峰。值得庆贺的是，在他俩转发了这支视频后的第二年 1 月 8 日，杨幂与刘恺威走进了婚礼的殿堂。试想一下，如果当初是我们选择了《在路上》这三个字作为广告视频的名字，估计杨幂和刘恺威二人的婚姻到现在还"在路上"，最终传播效果就可能差了十万八千里了。

百度地图《别让爱你的人等太久》品牌形象视频一上线，便大获成功。杨幂、刘恺威、海陆、朱丹、沙宝亮等众多明星和 KOL 在微博进行了转发，引发网友热议。视频自然播放量累积达到 1 亿次左右，百度地图品牌关注度同比增长 65%，百度地图 APP 下载量和日活再创新高。

这个视频的影响力，大大超出了我们当时的预期，它不光为百度地图成功地注入了情感原力，也成为当时百度历史上获奖最多的品牌形象微电影，为百度赢遍了世界华文广告创意的顶级奖项，获得了当时负责百度市场及公共体系的副总裁多次点名表扬，是当年百度大市场部为数不多的标杆项目。

不少品牌也开始借势这个项目，其中著名的有 360 集团在

2014 年春节档推出的"别让老婆等太久""别让孩子等太久""别让 XX 等太久"系列品牌广告等。后来我才发现，这个视频不只是在品牌营销和互联网圈影响颇深，更走进了寻常百姓家。在 2015 年由小岛执导、第 53 届环球小姐中国区冠军张萌主演的 35 集都市爱情连续剧，更是奇妙地撞车广告视频《别让爱你的人等太久》这个名字，让人感叹，当你把广告做好，市场都会主动帮助你传播。

不过，如今看来，我们当年的知识产权意识还是不够强，要不然早应该建议百度把"别让爱你的人等太久"注册成商标了。在我参加的一些线下演讲或培训中，每次只要播放这个视频，现场都会有朋友被感动到落泪。还没看过的朋友，不妨在网上搜搜看。

针对本案例，我总结如下。

第一，"替我传"的核心就是，我们创作一个别人"替我传"的素材，最好是让他们可以直接原汁原味地引用。这样才能减少信号损失，放大信号能量，才能实现一传十、十传百、百传千、传遍全中国的效果，像百度地图"别让爱你的人等太久"就是这样的超级传播素材。杨幂等很多明星和网友"替我传"的时候，原封不动引用的就是这几个字。包括后面以这几个字为超级原型推出的同名电视剧，更是半个字也没有改动。因为你随便改动一个字，这意思就变了，原力就没了。

第二，将当时百度地图"精彩一步到位"的品牌主张，嫁接到"樊蒙"的真实故事中，提炼出"精彩，是你迈出的每一步"，引爆广大用户的集体潜意识，鼓励人们勇敢向前迈出精彩的每一步，带给用户内心极大的愉悦感和情感力量。百度地图 APP 在视频的关键情境中（如樊蒙迷路或住院的时候，都需要百度地图快速帮助找出路线）推动了整个剧情的发展，和整个故事完美地融合在一起，既强化了品牌记忆、绑定了情感，又把这种情感注入到了用户的潜意识中。

第三，故事永远为品牌服务。请大家切勿本末倒置，让故事凌驾于品牌之上。很多从事广告行业的人一般容易犯的错就是，自己的广告，让受众记住了故事却没记住品牌，记住了明星却没记住产品。究其原因，还是剧情和产品关联不大，品牌和产品要么曝光量不够，要么太过生硬，产生的后果就是叫好不叫座。而作为专业的品牌营销人员，我们要做到的是叫座又叫好，而且叫座还要排在叫好前面。

新品牌如何一战成名

在 2019 年国庆档的热映影片《攀登者》中，胡歌饰演的"杨光"在 1975 年登山时意外失去双腿，而他的原型就是充满了正能量的 70 岁老人夏伯渝，中国第一个依靠双腿假肢登上珠峰的人。这位老人用一生诠释了什么叫不屈不挠，什么叫为梦想而努力，什么叫迎难而上，什么叫克服困难，什么叫"攀登者"。

1975 年劳动节，26 岁的中国登山协会成员夏伯渝首次尝试登顶珠峰，在补给几乎耗尽的情况下只能被迫下撤。途中队友的睡袋丢失了，他不假思索的把自己的睡袋让出来。因此，造成了他的双脚冻伤坏死，必须截肢。与此同时还有一个噩耗就是父亲去世。然而，他追梦的脚步并没有因此而停下。痛定思痛的他，开始了一系列异常艰苦的魔鬼式体能训练。

2018 年 5 月 14 日，没有放弃梦想的夏伯渝第 5 次向珠峰发起挑战，最终成功登顶珠峰，成为中国第一个依靠双腿假肢登上珠峰的人。2019 年 2 月 19 日，在摩纳哥蒙特卡洛运动俱乐部举行的"2019 劳伦斯世界体育奖颁奖典礼"上，夏伯渝成为继姚明、刘翔和李娜之后，又一位在劳伦斯世界体育奖评选中荣誉当选的中国人。2019 年 9 月 3 日，夏伯渝入选《2020 年吉尼斯世界纪录大全》。

我和夏伯渝老师是在 2016 年相识，那是在他第 4 次向珠峰发起冲击的前夜，同样也是我加入新公司的第一天。在得知这个消息后，我立刻赶往了北京人民广播电台的大本营，此时的夏老师正在录制一档节目。被夏老师的英雄故事深深打动的我，当场就想，我是不是也能助追梦路上的夏老师一臂之力。别的不会，做广告咱在行啊。于是在和夏老师进行了初次沟通之后，我俩当场确定了合作意向，然后聘请夏老师为我新入职公司的品牌形象代言人。在当天返回公司的路上，我想了一句广告语"与追梦者一起向前"，在同事的帮助下连夜制作了一面旗帜，在第二天连同代言人合同一起送到了夏老师手中。

可能有人会问，你一个刚入职的新员工，如何在当天就能敲定这个合作。其实也比较简单，没有任何道路可以通往真诚，除了真诚本身。回到公司我和董事长说：夏老师的故事太激励人了，应该尽我们的一点绵薄之力，让夏老师为梦想坚持40年的故事被更多的人看见，点亮更多的追梦者，激励更多的人心。如果夏老师这次成功登顶，那我们将是全球第一个登上珠峰的金融科技品牌，这也是全球金融科技品牌营销的一个新高峰。说完这几句话，董事长当即就同意了。

我对夏老师说："您专心追梦就好。邀请您当我们的品牌形象代言人，只是我们的一点点心意，我们想尽我们的绵薄之力让您追梦的励志故事激励更多人，点亮更多追梦者，在您的代言中不会涉及任何具体的商业产品。再退一步来说，不管您这次能否成功登顶，接下来都会面临个人品牌 IP 建设的事情，我们第一时间会给您一个 A 股上市公司代言人的身份。"于是项目就这样敲定了。我根据夏老师的故事策划的整合营销推广活动，在项目传播费用几乎为零的情况下，让成立不到半年的新品牌一战成名，一跃成为金融科技行业的知名品牌（见图51）。

幸运的是，这个项目还为公司赢遍了全球顶级华文创意奖项，并成为当年全球金融科技行业中拿奖最多的项目之一，共获得 20 多个全球大奖，比如被具有 40 多年历史的英国权威媒体《Campaign》评为"2017 年度最佳移动营销品牌"，且是当年唯一获此殊荣的金融科技公司，还获得当年唯一的企业形

图 51　与夏伯渝老师合作

资料来源：作者制作。

象类金奖（获得银奖的是飞利浦，麦当劳和腾讯是铜奖）。同时还被《人民日报》"民生周刊"评为 2016 年度公益慈善传播奖，被"第 6 届中国公益节"评为 2016 年度中国公益映像奖；被 2017 IAI 国际广告奖评为"最具创新精神广告主奖"等。

我将这个项目获得的金奖奖杯和证书也送了夏老师一份，夏老师非常开心。夏老师的故事实现了破圈，到现在还深深地感动着许多广告营销行业的攀登者。

有一次，某银行的行长来公司洽谈合作，还亲自让公司工作人员帮忙播放夏老师登珠峰的这个品牌形象视频，可见这个项目在目标客户群体中的影响力有多大。更具戏剧性的是，知名创意奖项的工作人员来公司拜访交流，竟误以为我们是家广告公司。我问为什么？她们说，我看你们经常获得一些顶级创意大奖，所以一直以为你们是一家广告公司。

在这个项目中，我将夏老师 40 多年追梦的感人故事压缩到一个视频里，爆发出了巨大的威力，为企业的品牌注入了强大的情感能量，使企业的美誉度得到极大提升。夏老师的代言故事和这个项目获得的奖项，也成为企业品牌资产中非常宝贵的一部分。夏老师勇于攀登的追梦故事，让企业品牌深入人心。这个案例再次印证了我在前面给出的品牌的三层定义：产品的牌子，企业和消费者的超级信号，赢得人心的道。

如何创作出既叫座又叫好的广告

在广告创作中，最难做到的一点就是既叫座、又叫好；比这更难的是，在叫座叫好的基础上，还够形成企业的品牌资产，为企业产生品牌资产复利；比这两项更难得的是，在此基础上，同时还能在顶级专家评委苛刻的评审中获得金奖。这就好比你拍了一部电影，这部电影不但票房大卖，同时还获得了奥斯卡金像奖，这个难度大家可想而知。

按 2015~2020 年获得长城奖金奖数量估算，在中国每年实际的品牌营销案例中，既能叫座叫好，又能获得行业顶级专家认可的经典项目案例，每年不会超过 20 个。而由我创作的《钱的秘密》，有幸成为其中之一。

下面我和大家做个简单的分享，如何从项目的一开始就带着品牌资产思维来创作。很多公司都会举办声势浩大的年会，尤其是互联网公司，一个年会往往就会投入上千万的费用，而年会视频就是里面的重头戏之一。比如我在百度工作的时候，曾有幸全程深度参与百度 15 周年的视频项目。这个视频，在百度创始人李彦宏上台之前播放，它的重要性和使命大家可想而知。幸运的是，这个视频在现场播放的时候效果非常好，成为整个年会中员工和高管热议的焦点，并受到李彦宏及多个副总裁表扬。关于这个项目的具体内容，我会放在其他章节来讲，在这里我们要聊的是我创意策划的另一个上市公司的年会视频项目。

在这个项目一开始，我就在思考，即使是一个年会视频，它有没有成为公司品牌资产的可能？能不能给公司产生源源不断的复利？有没有可能成为一颗卫星，而不是像烟花一样，只能绽放一次。带着这样的战略使命，我苦思冥想。当时所在上市公司的核心业务之一是金融科技，也就是和钱紧密相关，加之公司名字本身就带有一个钱字。

用我前面讲到的品牌寻宝方法来说，"钱"就是这个品牌与生俱来的戏剧性，我们要做的就是把这个戏剧性放大。于是，我就锁定了"钱"这个主题。在进一步的挖掘中我发现，钱既是最没有感情的东西、又充满感情。同样的钱，在不同人的手中，会有不同的命运、会产生不同的价值。

换句话说，钱的命运既可能是颠沛流离，也可能是衣食无忧；既可能被人供奉，也可能被人踩踏；既可能横行霸道，也可能雪中送炭；既可能冷酷无情，也可能温情脉脉；既可能光芒万丈，也可能永无天日；既可能是凶手，也可能是救星；既可能是恶魔，也可能是天使；钱会有什么样的命运，取决于它在什么人的钱包里；你若冷眼，它就无情；你若向善，它就慈悲；你是什么样，钱就什么样。

整个创意我采用拟人的手法表现钱的各种境遇，在结尾的时候，各种不同货币符号、不同境遇的钱，站在一起，拍了一张全家福照片。镜头一切，伸出一个手，把这些"钱"放到钱包里，然后出来公司的名字和广告语"为你的钱找个好的归宿"。

这个视频在年会现场一播出，就获得雷鸣般的掌声。在实现了叫座又叫好的预期后，又被当成品牌形象视频在网络上引起热传，并有幸成为当年全球获奖最多的金融科技品牌形象广告之一。还获得了中国唯一经国务院批准的国家级广告大奖"长城奖"包括两项金奖在内的数十个大奖。公司被组委会授予两项年度最佳广告主奖，这个记录至今无人打破（见图52）。

《钱的秘密》

图52 《钱的秘密》截图、海报与获奖画面
资料来源：作者制作。

除此之外，这个视频还创造了其他多项获奖纪录。当年的视频类金奖，在全球范围内只颁发了两个，一个由日本电通集团获得，一个由我们夺得。而获得平面类金奖的创意海报，是我在视频拍摄现场用相机抓拍的剧照。到了长城奖颁奖现场，大屏幕上播放的评委推荐获奖视频震撼了我。本届的长城奖评委会主席刘凯杰（前奥美广告集团执行创意总监）推荐我创意的视频；评委会副主席沈虹推荐我创作的平面广告。一个公司的作品能同时获得评委会主席和副主席同时推荐，这种情况较为罕见，所以再次感谢两位前辈的精彩点评（见图53）。

第24届长城奖评委会主席刘凯杰（前奥美广告集团执行创意总监）在颁奖现场推荐和点评《钱的秘密》视频　第24届长城奖评委会副主席沈虹在颁奖现场推荐和点评《钱的秘密》平面作品

图53　《钱的秘密》评委点评

资料来源：作者拍摄。

所有的英雄都是同一个英雄，所有的故事都是同一个故事

如果你有仔细看完上面的文字，并看完这三个故事的视频，你会发现，我为百度地图创作的《别让爱你的人等太久》，任正非亲自选定的华为《芭蕾脚》，以及LV的全球品牌形象广告《何为旅行？》，其实讲的都是同一个故事，背后都是平凡

人的非凡英雄故事。这也是这 3 个故事真正能触动人心的原力所在。

在神话学家约瑟夫·坎贝尔看来，宇宙中所有的英雄，其实是带着不同面具的同一个英雄，比如从美国的《星球大战》《哈利波特》《钢铁侠》《超人》到漫威英雄故事系列，再到中国的《西游记》《哪吒》《大圣归来》《战狼》，或是金庸笔下的《笑傲江湖》《射雕英雄传》《天龙八部》等武侠小说，最终的结局都是主人公历尽艰辛，或骑着扫把，或骑着白龙马，或披着红绸子外穿着内裤，或脚踩无敌风火轮，或腾云驾雾乘着祥云，凯旋归来的故事！

用坎贝尔自己的话来说就是："神话是众人的梦，梦是众人的神话。"用荣格的话来说："这些千面英雄的故事引爆的就是潜藏在在人类 DNA 中从 2.5 亿年前一直传承到今天的你我'爬虫脑'中的集体潜意识。"

顺便说一句，坎贝尔正是受心理学大师荣格的启发，才花了数年时间搜罗全球的神话故事，打磨出他的封神之作《千面英雄》。当然，荣格的老师就是大名鼎鼎的心理学大师弗洛依德，他的《梦的解析》你一定听过，他深深影响了荣格，荣格正是在他的学说基础上发展出集体潜意识。

这就是故事里面蕴含的原力，这也是我会把这三个故事放在一起的原因。对于很多品牌来说，一个好的品牌故事，远胜过一百条烂广告。关于英雄的旅程、神话学、潜意识、集体潜意识等内容，将会在我的下一本著作中和大家继续交流。

如何创作一个好故事

　　日本 7-11 品牌的创始人兼首席执行官铃木敏文曾这样说道："当代的消费已经完全从经济学领域进入到心理学领域了。当一个好的产品用一个美好的故事包装后，顾客购买到的就不仅仅是物质层面的满足，而是上升为精神层面的一份期望，一种体验甚至一个梦想。"也就是我在"选择我"章节中和大家说的，人们购买的不是商品，是希望，是梦想，是符号。

　　人是社会动物，遗传密码决定了人们对故事的反应能力，特别是那些能够激起人们情感反应的故事。被巧妙嫁接到故事里的品牌或者产品，将更容易被人们记住和传播。全球很多知名的企业都是通过故事营销的方式，让他们的品牌深入人心，从而和人们获得深深的共鸣。

　　那到底该如何为你的品牌创作一个好故事？我把创作方法总结为"故事创作 4 步法"。

故事创作四步法

　　对很多导演和编剧来说，罗伯特·麦基（Robert McKee）的大名早已如雷贯耳，他 1941 年 1 月 30 日出生于底特律，职业身份是编剧。从小热爱戏剧的他，早年还做过演员。1981 年，麦基受美国南加利福尼亚大学之邀，开设了"故事"培训班，从此麦基开始了他开挂的故事培训生涯。据不完全统计，从麦基的培训班上走出去的学生，共获得 35 次奥斯卡奖、170 次艾美奖、30 次美国作家协会奖、25 次导演工会奖以及普利策戏剧奖和英国国家图书奖等。

《名利场》杂志将其称为"好莱坞的福音传教士"，并坦言麦基先生是"电影产业里众所周知的势力人物以及好莱坞最受欢迎的编剧导师。"当然，麦基先生把他研究故事几十年的心法也浇灌进了《故事》这本沉甸甸的书中。

在罗伯特·麦基故事学和约瑟夫·坎贝尔神话学的基础上，我总结出"故事创作四步法"，即：凡人的平衡生活——突发事件打破平衡——凡人化身英雄将故事推向高潮——英雄回归凡人的平衡生活。在麦基的《故事》一书中，他是这样描述的："在叙述的开始，主人公的人生处于相对平衡的状态中，并透过他的核心价值观表露出来，比如幸福或者悲伤。紧接着，打破平衡的事件发生了，不可避免地颠覆了主人公的核心价值观。例如，他可以坠入爱河，这是一个正面的事情，或者他失去所爱，这是一个负面的事情。为了找回平衡，主人公决定采取行动。从这一刻起，一系列因果相连的事件随之发生。随着时间流逝，事件逐渐动态地令核心价值观在正负电荷之间来回摇摆。故事的最终事件彻底改变核心价值观，进而把故事推至高潮，主人公的生活重新回归平衡。"

可能有些朋友还不是特别明白，在这里用我为百度地图创作的《别让爱你的人等太久》这个三分多钟的故事做个四步法解读。

第一步：凡人的平衡生活。

在视频的一开始，我通过两组画面交代了樊蒙和他妈妈在日常平衡状态下的生活：买菜、做饭、上班。整个画面看上去，像极了你身边老百姓的日常生活，一切都在平静中按部就班地进行。

第二步：突发事件打破平衡。

有一天樊蒙下班回家，看见母亲手握一张云南美景的照片，瞬间读懂了母亲积压在心中从未曾说出口的愿望。这张照片打破了他们母子的平衡生活，带来的后果就是，樊蒙第二天就到公司提出了辞职，他决定徒步推着母亲，踏上从北京到云南的旅程。

第三步：凡人化身英雄将故事推向高潮。

总的来说，在这个品牌视频故事中，我安排了三个递进的小高潮。第一个高潮是樊蒙辞职，第二个高潮是樊蒙晕倒，这两个小高潮的铺垫，是为了推动一个更大的高潮，也就是第三个高潮，即，历尽千辛万苦的樊蒙母子终于到达了云南，站在山顶看到大佛发愣的那一幕。

在这里，我采用了快闪的剪辑手法，将剧情中一波波的小高潮再一次集中引爆，最终爆发出巨大的情感能量和穿透力。当然作为商业品牌形象广告来说，在这种时刻就该出现广告词了。得益于我对高潮节奏的把控，下面的广告词顺理成章地出现："别让爱你的人等太久，就现在，带上最爱的人，出发！

精彩，是你迈出的每一步。"我用"精彩，是你迈出的每一步"这句话，扣回到当时百度地图的广告语"百度地图，精彩一步到位"。这句话也用来唤醒广大观众心中的"英雄"梦，鼓励大家勇敢去追梦，去走出自己的精彩人生。

第四步：英雄回归凡人的平衡生活。

在故事结尾的时候，我们采用蒙太奇的剪辑手法，又闪回到樊蒙和母亲日常生活中的平衡状态。好像一切都是平凡人的一场英雄梦，既如梦似幻，又真真切切。正如罗伯特·麦基所说："故事的背后是永恒的、普遍的形式，而不是公式。"

对于我总结的《故事创作4步法》，我希望它只是扶你上路的一根拐杖，而不是一个公式，当你到了一定阶段以后，大可以扔掉这根拐杖，得意而忘形，这样它就化成你浑厚的内力了，你一出手，就是高高手。《故事创作4步法》中的"凡人的平衡生活——突发事件打破平衡——凡人化身英雄将故事推向高潮——英雄回归凡人的平衡生活"这4步，也是很多刷屏级品牌故事背后的通用法则。

附录

附录一　品牌信号原理

信号

创建品牌的过程，就是创建品牌信号和消费者之间的条件刺激反射。在我看来，整个品牌营销学和广告传播学的底层原理就是信号学和符号学。从经济学角度看，信号是为了解决交易中的"信息不对称""信任不自传"这两大难题。通俗讲就是，卖家为了卖出商品，通常需要通过广告给买家发射信号，从而完成交易。

什么是"信息不对称"

信息不对称理论是由三位美国经济学家——约瑟夫·斯蒂格利茨、乔治·阿克尔洛夫、迈克尔·斯宾塞——提出的，这三位大师也因此获得了诺贝尔经济学奖。

他们认为：在市场中，卖方比买方掌握更多有关商品的信息；掌握更多信息的一方，可以通过向信息贫乏的一方传递可靠信息而在市场中获益；买卖双方中信息较少的一方会努力从另一方获取信息；市场信号在一定程度上可以弥补信息不对称的问题。

这一理论为很多市场现象如股市沉浮、就业与失业、信贷配给、商品促销、商品的市场占有率等提供了解释，成为现代信息经济学的核心，被广泛应用到从传统的农产品市场到现代金融市场等各个领域。

信息不对称性造成的负面影响是市场失灵，劣币驱除良币。在同一价格标准下，低质量产品排挤高质量产品，拉低高质量产品的销量，甚至将高质量产品排挤出市场，这在经济学中被称为"柠檬问题"。

什么是"信任不自传"

"信任不自传"指的是信任不能自行传递。离我们越远的人，我们越无法信任；越陌生的商品，我们越不会购买；越陌生的人之间越难建立起信任。

品牌的本质就是建立信任，让信任在熟人和熟人之间、陌生人和陌生人之间、人和商品之间、母品牌和子品牌之间自由地传递，从而降低交易成本，提高收益。

关于信任不自传的问题，享誉全球的历史学家尤瓦尔·赫拉利在他的著作《人类简史》中这样写道："如果没有信任，就不可能有贸易，而要相信陌生人又是很困难的事。今天之所以能有全球贸易网络，正是因为我们相信着一些虚拟实体，像是美元、联邦储备银行，还有企业的商标。而在部落社会里，如果两个陌生人想要交易，往往也得先借助共同的神明、传说中的祖先或图腾动物建立信任。"

什么是品牌信号

在我看来,品牌信号是所有商业的底层逻辑。

商业的本质是交易,品牌的本质是建立超级信号,超级信号的本质是降低交易成本。品牌营销都是在解决"信息不对称"和"信任不自传"问题。

超级信号是让信息从不对称到对称最大化,从而实现买卖双方更低成本、更高效、更高价值的双赢交易。

在信息趋于对称的情况下,卖家实现了好货卖好价,买家实现了好价买好货,最终营造了良币驱除劣币的诚信商业环境。只有这样,买卖双方之间的信息和信任才能达到均衡,买卖双方的交易风险才能降至最低,卖家才能实现利润最大化,买家才能实现价值最大化。

从生理学、心理学、经济学、品牌营销学的角度来讲,"信号"等于"信"加"号"。"信"是信息,我们可以通过信号解决信息不对称问题。"信"是信任,我们可以通过信号解决信任不自传问题。"号"是"信"的载体和编码,"号"是符号、口号、语言、文字、图像、词语、故事等。从宏观视角看,"信"是信息、信任、信仰、信念等一切能将个体与个体或陌生人与陌生人连接在一起的力量,"号"是一切"信"的载体和编码。

正如赫拉利在《人类简史》中所说：智人之所以成为智人而战胜其他远古人类，最关键的因素就是智人具有独特的语言能力，能够通过复杂的语言，虚构出本不存在的故事，并通过"信号"这一形式，将这个故事传播给更多的智人，获得他们的信赖，使这个"信号"成为一个群体的共同信仰。

什么是超级信号

超级信号就是消费者看一眼或听一遍就能识别、记住并获得好感的品牌信号系统，是人人都熟悉、喜欢并按它的指令行动的信号；它能让一个新品牌瞬间成为消费者熟悉的"老朋友"，并引发人们的购买行为；它能让人们立马放下警惕，进入认知放松状态，而这种状态的形成，正是长期的经典条件刺激反射形成的。

超级信号不是创造全新的东西，而是将人们大脑中已经存在的、具有普遍认知的超级信号原型和你的品牌进行嫁接，生成一套独有的品牌超级信号系统。

在实际的品牌营销中，我们会通过超级信号来引发三种反射行为："记住我"（记住我的名字、样子、价值）、"选择我"（选择我的商品、品牌、服务等能给我带来收益的事物）、"替我传"（超级信号既是刺激物，也是一个人们替我传的超级信息压缩包；它会把原本"向我买"的消费者，变成主动"替我卖"的销售者，从而引发爆发式的裂变效应）。

红绿灯是全世界人民都熟悉的超级信号，而且人人都会按照它的指示行动；太阳和月亮也是全世界人民都熟悉的超级信号，数百万年来，全世界人民都在按照它的指示行动，日出而作，日落而息；春节、圣诞节、元旦等这些重大节日，也都是超级信号，我们都会按照它的指令行动。

打造超级品牌，就是打造一套人人都熟悉、喜欢并按它的指令行动的超级信号系统。

乔布斯正是受到红绿灯这个超级信号的启发，将苹果电脑系统窗口界面左上角的三个功能按钮设计成了红、黄、绿三色。这样一来，即使用户是第一次使用苹果的产品，这种设计也能瞬间激活大脑中红绿灯这个超级信号原型的集体潜意识，仅凭直觉就能进行轻松操作（见附图1）。

附图1　苹果电脑系统界面上功能按钮的设计灵感

资料来源：作者绘制。

有一次，我女儿在玩我的苹果电脑。她用鼠标非常熟练地点击了一下红色的"X"按钮，把我正在撰写的书稿文档给关掉了。我问她："你怎么知道这个红色按钮是用来关闭文档的？"她调皮地回答我："我本来就知道啊。"我顿时无语，只能对集体潜意识的力量五体投地。

拜耳医药公司受到太阳和月亮这两个超级信号的启发，将推出的感冒药嫁接在"太阳"和"月亮"这两个超级信号原型上，命名为"白加黑"。基于这一设计，它还打出了"治疗感冒，黑白分明"、"白天服白片，不瞌睡；晚上服黑片，睡得香"这两句超级信号。上市仅180天，"白加黑"的销售额就突破了1.6亿元，在拥挤的感冒药市场上分割了15%的份额，取得了行业第二品牌的地位，在中国大陆营销传播史上堪称奇迹。

"白加黑"是个了不起的大创意。表面看来，它只是把感冒药区分出了"白片"和"黑片"，把感冒药中的镇静剂"扑尔敏"放在了黑片中，实则其中蕴含着很大的营销智慧。它不仅在品牌的外观上与竞品形成了巨大差异，甚至比我们前面提到的可口可乐弧形瓶的创意还要伟大。更重要的是，它与消费者的生活形态非常契合，采用的是消费者大脑中既有的编码，也就是每个人每天都会按其指令行动的编码（日出而作，日落而息）。它让自己的品牌寄生在这一编码之上，生成了自己的超级视觉信号和超级听觉信号。

通过"白天""晚上""太阳""月亮"这四个超级信号的刺激，"白加黑"激发了人们潜意识里的原力，引发了强烈的刺激反射。要知道，"太阳"和"月亮"的信号强度非常大，地球上的每一个人都深受它们的影响。

我为现代支付公司设计的品牌标志，符号部分选用的就是人见人爱的"8"这个超级信号原型。经过这样的信号编码后，它在诞生之初就借用了已经累积上千年的品牌力量。即使消费者第一次看见它，也会有一见如故的感觉。它能瞬间激活人们潜意识中对"8"的无限联想，从而实现"1大于100"的传播效果。在这个标志投入使用的第一年，现代支付的业绩就实现了翻番，由前一年的5000多亿元，增长到超过1万亿元。

附图2　人见人爱的"8"

资料来源：作者绘制。

阿里巴巴受"光棍节"（11月11日）这个超级信号的启发，于2009年11月11日创办了"双11"购物狂欢节，至今已举办过十一届。"双11"已经成为中国电子商务行业的年度盛事，并且逐渐影响到国际电子商务行业。仅2020年"双11"期间，天猫的成交额就高达4982亿元人民币，同比增长85%。

打造品牌成本最低、效率最高的方式，就是把我们的品牌嫁接在人人都熟悉的超级信号原型上。这样一来，我们的新品牌瞬间就能获得超级原型的巨大能量，瞬间成为人们的"老朋友"。

我们的品牌超级信号通常不仅能引发购买行动，还能引发人们的"替我传"行动。消费者在使用、体验完我们的产品后，会把我们的产品或者品牌推荐给他的亲朋好友，从而达到一传千里、传遍全国的效果。把"向我买"的消费者变成"替我卖"的销售者，实现指数级的裂变增长。

打造超级品牌，就是打造品牌的超级信号系统。

我把打造超级品牌的具体方法总结成了"超级信号四步法"（打破信息差、建立信任感、超级信号的编码与解码、发射超级信号），我会在本书第三篇通过具体案例来进一步讲解。

品牌超级信号系统通常由五部分组成：

超级信号系统＝视觉信号（超级符号）＋听觉信号（超级口号）＋嗅觉信号（超级味道）＋味觉信号（超级口感）＋触觉信号（超级触觉）

这五部分就是我们常说的"五觉"，是人类最主要的感知系统。"五觉"是我们创建品牌超级信号系统的五大路径。

超级信号的特点可以概括为六点：超低成本、超低损耗、超级碎片、复利效应、超级能量、超级指令。

我在前人的基础上经过系统梳理与总结，提出了自己的超级信号理论，用一句话概括就是：一切交易都离不开信号，一切传播都是信号的编码与解码，一切购买行为都是信号的刺激与反射。

附录二　实操案例精选

战略定位

现代金控

2019 年，作者根据现代金控（现代支付）的资源禀赋，为其提出了"支付+"（支付＋能源、支付＋出行、支付＋金融科技）的战略定位，改变其以往单一的第三方支付定位（见附图3）。（因为如果还是单一聚焦第三方支付的话，将很难在和拉卡拉等行业巨头的竞争中获得优势，带给用户、代理商、合作伙伴的认知也会很模糊，传递给市场的也是固步自封的跟随者形象。而采用"支付+"这一"新王"战略定位，就可以成功避开与支付宝、微信支付、拉卡拉等行业巨头在红海中的正面竞争，从而形成自己独特的优势、开创一片属于自己的蓝海。）

在"战略定位＋品牌战略＋战略营销"和一整套独特的经营活动方案实施的第一年，现代支付业务实现了 200% 以上的增长，年交易量突破 1 万亿人民币，成为支付行业名副其实的"新王"。

要想了解此项目案例的详细内容，您可以翻阅本书第一、三篇相关案例和内容。

附图 3　现代支付"支付＋"战略

资料来源：作者制作。

奥马电器

作者协助奥马电器公司决策层制定并落实"冰箱＋金融科技"一体两翼的战略，使其成为 A 股市场上具有独特价值的上市企业。作者同时协助奥马电器制定并落实金融科技品牌钱包金服的战略定位：场景·科技·新金融（见附图 4）。

附图 4　钱包金服战略定位

资料来源：作者拍摄制作。

品牌战略

现代金控

作者为现代金控（现代支付）进行了全方位的品牌战略制定、品牌体系搭建、品牌资产管理、产品体系规划等，还亲自设计了现代支付的品牌标志、VI视觉识别系统等，创作了"现代支付，让支付更有温度"的品牌广告语，打造了"88狂欢节"节日营销IP。此外，作者带领团队为其进行了网站设计、UI设计、产品设计、营销活动策划、品牌形象广告创作、吉祥物小金IP建设、小金表情包开发、全国分公司形象建设、导视系统设计等。现代支付的超级信号系统建设、品牌资产管理，是"超级信号方法"在商业实战中的又一代表案例（见附图5）。

附图5　为现代金控制定整体方案

资料来源：作者拍摄制作。

奥马电器

作者为奥马电器金融科技品牌"钱包金服"进行了品牌战

略制定、品牌架构梳理、品牌体系搭建、品牌资产管理、品牌升级等，并且设计了其品牌标志、官网、VI 视觉识别系统、品牌形象广告、宣传册、吉祥物等。作者创作了"你为梦想全力以赴，我们为你全力以服"的品牌广告语。作者亲自为钱包生活设计了其品牌标志，构思了品牌形象广告创意，创作了"钱包生活，精彩生活多一点"的广告语（见附图 6、附图 7）。

附图 6　钱包金服务页面展示

资料来源：作者制作。

附图 7　钱包生活 B 轮融资成功

资料来源：作者拍摄制作。

中国航天基金会

作者为中国航天基金会进行了全面的品牌战略升级，为其梳理了核心品牌资产。新设计后的品牌标志、品牌形象识别 VI 系统等，受到高度肯定（见附图 8）。

附图 8

资料来源：作者拍摄照片与中国航天基金会相关资料。

全案营销

中国银行白金信用卡

作者作为主创人员，全程参与策划了中国银行 – 中银白金信用卡全案整合营销项目，从中国银行的品牌战略顶层为其进行品牌资产建设。参与创作了中银白金信用卡"水墨篇"品牌形象广告，以及系列品牌全案营销活动（见附图 9）。

附图9 "水墨篇"品牌形象广告展示

资料来源：作者制作。

中国银行好投基金

作者作为主创人员，全程参与了中国银行基金定投项目从0到1的全案整合营销。为其创意的"投好基金，给未来开个好'投'"系列品牌形象广告，是中行投放范围最大、使用时间最长的品牌形象广告之一。至今为止，已持续投放了10多年。为中国银行的定投业务，积累了强大的品牌资产（见附图10）。

附图10 "好'投'"系列品牌形象广告

资料来源：作者制作。

侍文院

作者深度参与侍文院的战略营销、产品开发、创始人品牌 IP 建设等工作，用 4 年时间助力"侍文院"成为亚洲最大的侍酒餐饮文化教育品牌，并为其创作了"侍文院——侍酒文化领航者"的广告语（见附图 11）。

附图 11 "侍文院"广告演说与新华社采访画面
资料来源：作者制作。

广告创意

百度集团大品牌

作者为百度集团创作的品牌形象广告《脑电波画家的故事》，是百度自上市以来首个集团大品牌形象广告，也是百度历史上首个将技术与艺术结合在一起的品牌形象广告。通过崔长江 30 多年"爱与寻找"的故事，为百度品牌注入了巨大的情感能量，极大提升了品牌好感度，并为百度赢得众多国内外顶级创意营销大奖（见附图 12）。

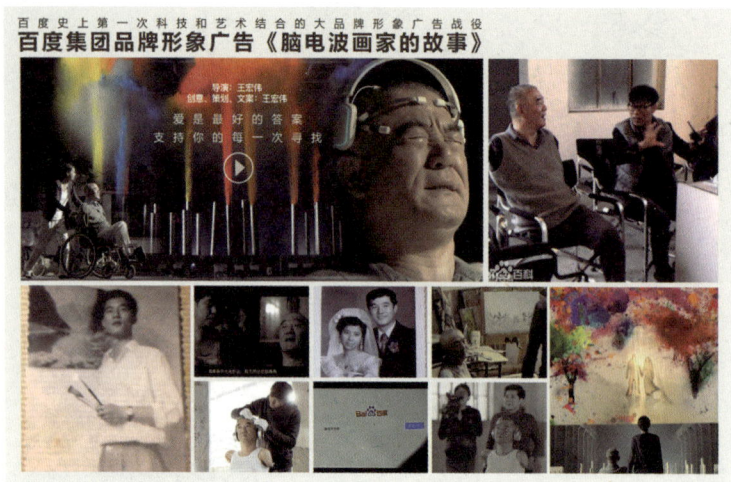

附图 12 《脑电波画家的故事》广告展示

资料来源：作者制作。

百度地图

作者为百度地图 APP 创作的品牌形象广告《别让爱你的人等太久》，被杨幂、刘恺威、海陆等众多明星大 V 转发，引发广泛热议。视频播放量近亿，品牌关注度同比增长 65%，品牌美誉度得到极大提升。此项目被评为百度集团大市场部的标杆案例，为百度赢遍了世界华文广告创意的顶级奖项（见图 50）。

百度 App

作者为百度 App 创作的《致命问题》系列病毒营销短视频，传播期间百度指数达到年度最高值，微博热议指数上涨 71 倍。此项目还获得中国 4A 金印奖、时报华文广告金像奖、长城奖等众多创意大奖（见附图 13）。

附图 13　百度品牌形象广告展示
资料来源：作者制作。

奥马电器 / 钱包金服

钱是最没有感情的，钱又充满着感情。作者为钱包金服创作的《钱的秘密》，是全球首个将"钱"进行拟人化表达的金融科技企业品牌视频。此项目在叫座叫好的同时，还获得了中国唯一经国务院批准的国家级广告行业大奖长城奖的包括 2 项金奖在内的数十个大奖（见附图 14）。

附图 14　《钱的秘密》封面以及作者获奖照片
资料来源：作者制作。

中国扶贫基金会

常怀公益心。作者曾为中国扶贫基金会提供了大量的无偿品牌营销全案服务，以创意之力投身到"全民公益"中。为"扶贫月捐"项目创作的系列品牌营销广告，曾获得众多创意奖项，如中国4A创意金印奖、长城奖、黄河奖、IAI国际广告奖等（见附图15）。

附图 15 "扶贫月捐"项目资料
资料来源：作者制作。

公关传播

沃尔沃

作者作为主创人员，参与策划的 Volvo 新车上市发布会，受到众多车友、媒体、来宾以及时任沃尔沃中国总裁付强和 SOHO 中国董事长潘石屹的好评（见附图 16）。

附图 16　作者参与策划 Volvo 新车发布会
资料来源：作者拍摄。

百度集团

作为主创人员，作者全程参与策划创意的百度 15 周年年会视频项目，受到百度 CEO 李彦宏等众多高管一致好评，成为百度少有的现象级项目（见附图 17）。

附图 17　百度 15 周年年会视频项目
资料来源：作者拍摄。

W

在 W 公司创立之初，作者通过一篇营销软文，使当时名不见经传的 W 公司一夜成名，在社交网络刷屏。第二天，该公司业务电话被打爆。用 W 公司创始人李三水的话说就是：在这篇文章发出后的很长一段时间，W 几乎每天都在不停地谢绝新客户。据相关媒体报道，此后不久，其客单价从 30 多万元上涨到 400 多万元（见附图 18）。

附图 18　作者与李三水会面

资料来源：作者拍摄制作。

W 创始人李三水

作者为 W 创始人李三水策划传播的 "H5 还能活多久？"，在零传播费用的情况下引发 "刷屏" 热传（见附图 19）。被人民日报媒体技术、中华广告网、数英网、顶尖文案等众多媒体转发，在社交网络引发了近 1000 万的自传播阅读。使李三水一夜之间从幕后走到台前，成为中国创意行业的知名人物。

附图 19 "H5 还能活多久？"文章截图以及作者与李三水获奖合影
资料来源：作者拍摄制作。

个人品牌 IP 打造

夏伯渝

作者根据中国登山家夏伯渝登珠峰事件策划的整合营销项目，将夏伯渝的个人品牌 IP 和企业品牌进行嫁接，使奥马电器金融科技品牌钱包金服一战成名，成为当年少有的现象级营销案例。此项目获得 20 多个全球知名品牌营销大赛的金银铜奖（见附图 20）。

唐朝老五

王宏伟根据唐朝老五的人生经历创作的个人品牌 IP 形象短片，首次从"音乐＋绘画"的视角，讲述了"亚洲最伟大的吉他手"刘义军的精彩两面人生。此项目创意、策划、文案、导演、均由王宏伟亲自操刀（见附图 21）。

附图20 夏伯渝个人品牌IP策划展示

资料来源：作者拍摄制作。

附图21 "唐朝老五"项目展示

资料来源：作者制作。

李航

作者为中国第一位皇家侍酒师李航，进行了全方位的个人品牌IP打造。让李航的个人品牌IP，在短时间内实现"破圈"，由"小众"走向"大众"（见附图22）。

杜蓉

作者根据杜蓉的职场经历，为其策划的"网易DBA女神"

附图 22　李航个人品牌 IP 策划展示

资料来源：作者制作。

个人品牌 IP 定位。一夜之间，杜蓉在 DBA 技术圈子打响了知名度，为其带来巨大的流量，积累了广泛的圈层人脉。之后，她收到来自华为、阿里巴巴、百度、腾讯等名企抛出的橄榄枝，最终选择入职中国光大银行。

杨烨炘

作者为天与空董事长、中国唯一连续五年在法国 CANNES 戛纳创意节上获得狮子奖的创意人——杨烨炘，创作的个人品牌形象 IP 视频《创意是什么？》，被广告行业从业者称为是创意人必看视频之一，并获得多项创意大奖。